심재두 선교사는 20년의 선교 경험을 가진 베테랑 선교사이자 팀 사역을 통해 선교를 성공적으로 수행한 프론티어다. 이제 선교는 결코 혼자서 할 수 없는 일이다. 한국 선교사의 약점이 혼자서는 훌륭하지만 팀을 이루기 어려워한다는 점이며, 대부분의 선교 실패가 인간관계의 갈등에서 비롯됨을 볼 때, 실제 현장의 경험을 바탕으로 한 이 책이 선교사와 선교 후원자에게 팀 사역의 지침을 주고 갈등을 풀어 내는 소중한 열쇠가 되리라 확신한다.
박상은 원장 | 샘병원 대표원장, 한국기독교의료선교협회 회장, 아프리카미래재단 대표

선교사들이 드러내기 어렵지만 가장 절실히 느끼고 있는 문제를 정면으로 다루고 있다. 선교사가 자신의 경험을 기록으로 남겨두었다가 성찰한 결과물로 이러한 책이 나왔다는 것 자체가 한국 선교가 성숙하고 있음을 보여준다고 생각한다. '성찰하는 실천가'로서 저자가 제안한 내용들이 많은 선교사와 단체들에게 도움이 될 것이다.
변진석 목사 | 전 GMP 소속 에콰도르 선교사, 현 한국선교훈련원(GMTC) 원장

세상에 글에서 삶이 나오는 사람과 삶에서 글이 나오는 사람 두 종류가 있다면, 심재두 선교사는 후자일 것이다. 선교사로서 현장에서 경험한 선교와 팀 생활, 팀 개척과 구성 및 운영, 위임 등 팀과 리더십에 대한 많은 경험과 지혜를 책임감 있게 기억하고 기록하여 이렇게 책으로 만들었다. 한국 교회의 선교사들은 물론 교회 리더와 청년들에게 귀한 지혜서다.
박준범 선교사 | 전 인터서브코리아 대표, IBA(International BAM Alliance) 공동대표

심재두 선교사는 내과 의사로서 하나님의 부르심을 받고 알바니아에 파송되었던 평신도 전문인 선교사다. 그가 그동안 다양한 선교사들과 함께 팀 사역을 하면서 직접 경험한 일들을 녹여 낸 이 책을 선교사와 선교 관련 모든 이들에게 추천한다.
이광순 목사 | 한국로잔위원회 위원장, 아시아로잔위원회 부위원장, The Light Mission 이사장

선교 현장에서 선교사가 겪을 수 있는 가장 큰 어려움은 인간관계에서 오는 갈등이 아닐까 한다. 지난 20여 년간 발칸 반도의 알바니아에서 팀 사역을 성공적으로 감당해 온 저자가 팀 사역의 어려움과 갈등 해결을 위해 쓴 이 책은 오랜 경험에서 나온 결과물이다. 현장에서 사역 중인 선교사와 팀 선교 사역을 준비하는 예비 선교사 그리고 선교사를 파송한 교회에 실제적 지침을 제공하는 유익한 자료가 될 것이라고 믿는다.
정현민 목사 | 원동교회(심재두 선교사 파송 교회) 담임 목사

팀 사역은 그 자체가 사역이다. 현지인은 말이 아니라 함께 팀을 이루며 섬기는 선교사의 삶 속에서 배우기 때문이다. 현장 경험을 바탕으로 건강한 팀 사역의 길을 제시하는 이 책의 일독을 권한다.

임태순 목사 | 현 GMP 개척선교회 대표, 태국 무슬림 사역 선교사

"빨리 가려면 혼자 가고, 멀리 가려면 함께 가라." 사역할 때마다 이 말을 기억한다. 실제로 주님의 지상 명령인 하나님나라 운동은 언제나 동역자들의 다함없는 협력과 연대로 성숙해 왔고, 그 생명력이 역동성을 가졌다. 그런 의미에서 일찍이 척박했던 선교 현장에서 팀 사역의 중요성을 뼈저리게 경험한 심재두 선교사의 글은 주님의 지상 명령에 순종하여 하나님나라 운동을 멈출 수 없는 모든 영적 공동체 구성원들이 반드시 배우고 적용해야 할 내용이다.

이상화 목사 | 드림의교회 담임, (사)교회갱신협의회/한국기독교목회자협의회 사무총장

선교 사역은 전능하신 하나님이 자신의 능력을 스스로 제한해 피조물인 인간과 동역하여 당신의 뜻을 이루기로 결정하셨다는 데 신비가 있다. 하나님과의 동역에 초대된 우리는 필연적으로 협력을 배우고 실천해야 한다. 오랜 기간 선교 현장에서 팀워크의 가치를 발견해 온 심재두 선교사의 이 책은 본질적으로 죄인인 우리가 팀워크로 일하기에 얼마나 불완전한 존재인지 생각하게 한다. 이 책은 죄된 본성을 거스려 연합함으로 얻는 유익과 그것을 위한 기본 원리와 실제를 면밀하게 제시한다. 그 과정에서 일어나는 갈등의 양상과 갈등을 다루는 태도와 방법에 관한 실제적 통찰도 다루고 있다. 갈등 발생이 문제가 아니라 갈등을 어떻게 다루는가가 과제라는 관점에서 이 책이 전하는 현장의 이야기를 잘 들어볼 필요가 있다. 선교 사역 중도 탈락의 큰 이유가 동료와의 갈등이라는 통계 보고서의 도전에 굴복하지 않고, 도리어 건강한 팀워크로 사명을 감당하려는 선교사들에게 실제적 지침을 주는 책으로 적극 추천한다.

이대행 선교사 | 선교한국 상임위원장

저자가 사역하는 알바니아를 2005년에 방문하고, 이듬해부터 지금까지 우리 교회 고등부 학생들을 단기 선교로 보내고 있다. 이 책을 접하기 전에는 우리가 방문하는 선교지에 갈등이 있었다는 사실조차 몰랐다. 지금의 영광스러운 사역은 팀 내 갈등을 이겨내고 지혜롭게 극복해 가며 이루어 낸 것이었다. 이 책은 팀 사역에 대한 솔직한 고백과 함께 철저한 준비와 연구에 기반한 유익한 정보를 담고 있다. 사안의 핵심이 무엇인지 밝히고, 독자가 궁금해 하며 고민하는 문제에 성실하고 정확하게 답하고 있다.

신기형 목사 | 꿈의 동산 이한교회 담임목사

선교사 팀 사역과
갈등 해결

선교사 팀 사역과 갈등 해결

심재두 지음

좋은씨앗

선교사 팀 사역과
갈등 해결

초판 발행 • 2016년 6월 3일

지은이 • 심재두
펴낸이 • 신은철
펴낸곳 • 좋은씨앗
출판등록 • 제4-385호(1999. 12. 21)
주소 • 서울시 서초구 바우뫼로 156, 402호
영업부 • TEL 2057-3041 FAX 2057-3042
홈페이지 • www.gsbooks.org
페이스북 • www.facebook/goodseedbook

ISBN 978-89-5874-259-3 03230

이 책은 신저작권법에 의하여 보호를 받는 저작물이므로 무단 전재와 복제를 금합니다.

두 사람이 한 사람보다 나음은 그들이 수고함으로 좋은 상을 얻을 것임이라.
혹시 그들이 넘어지면 하나가 그 동무를 붙들어 일으키려니와
홀로 있어 넘어지고 붙들어 일으킬 자가 없는 자에게는 화가 있으리라…
한 사람이면 패하겠거니와 두 사람이면 맞설 수 있나니
세 겹 줄은 쉽게 끊어지지 아니하느니라(전 4:9-12).

차례

들어가는 말 11

1부_ 팀 사역이란 무엇인가?

1. 성경에서 찾아보는 팀 사역
   예수님과 열두 제자의 팀 사역 20
   사도들의 팀 사역 22

2. 팀 사역은 왜 필요한가?
   팀 사역의 정의와 모델 25
   팀 사역이 필요한 이유 27
   팀 사역에 관한 잘못된 개념 29

3. 팀 어떻게 구성할 것인가?
   팀 사역 구성의 3대 요소 33
   좋은 팀의 특징들 36
   팀 사역과 리더십 계발 41
   팀 구성, 이렇게 한다 54
   팀 구성 시 준비할 것들 56

4. 팀 사역 어떻게 운영하는가?
   팀 사역의 기본 원리 63
   팀 운영의 실제 69
   팀 사역의 관리 74
   팀 사역의 어려움과 극복 방법 82

2부_ 팀 사역의 갈등 해결

5. 갈등은 왜 일어나는가?
   갈등이란 무엇인가? 91
   선교사 갈등의 원인 파악하기 92
   선교사 갈등의 종류 97
   팀 구성의 방식에 따른 갈등 110

6. 갈등의 구조적 진단과 처방
   갈등의 네 단계: 발단, 전개, 절정, 대단원 119
   팀 사역 성장 단계의 위기 122

7. 갈등 어떻게 해결할 것인가?
   선교사 갈등의 치료 132
   선교사 갈등의 예방 136
   현장에서 만나는 선교사 유형들 139
   팀 사역에서 이것만은 피하자 149
   선교사의 분노 이해: 육체적, 심리적, 영적 스트레스 158

8. 성경의 인물들에게서 배운다
   하나님의 약속을 바라본 아브라함 163
   광야에서 외치는 자, 세례 요한 168
   팀 사역의 원리를 가르쳐 주신 예수님 171

나오는 말 177

  부록: 6M(5M+1M), 선교의 6가지 중요 요소 183
       선교 현장 리더십 FD의 문제점과 개선 방안 193

/ 들어가는 말 /

문제를 알면 길이 보인다

1997년 3월, 아내와 함께 우리가 몸담고 있는 선교단체의 사무실을 찾아갔다. 이사장과 대표와 총무 그리고 선임 선교사가 그 자리에 함께했다. 내전이 일어난 알바니아를 간신히 탈출하여 귀국한 후 처음으로 갖는 디브리핑(보고받는 일) 시간이었다. 위험한 지역을 급하게 빠져나왔다는 긴장감과 흥분이 채 가라앉기도 전이었다. 우리는 먼저 알바니아의 내전 상황을 자세히 전했다. 그런 다음 지난 4년 동안 겪었던 팀 내 갈등 이야기로 넘어갔다.

당시 우리 팀은 목회자 부부와 체육 전문인 부부, 의료 전문인인 우리 부부, 독신 선교사 두 명으로 이루어져 있었다. 알바니아 선교라는 같은 목적을 위해 모인 팀이었지만, 각자의 배경과 처한 입장에 따라 사역에 대한 생각과 태도에서 미묘한 차이가 났다. 작은 차이는 사역이 확대되면서 커져 갔고, 나중에는 불필요한 오해까지 더해져 걷잡을 수 없는 갈등이 일어났다.

마음고생이 심했던 아내는 그때의 일을 이야기하면서 눈물을 흘렸고, 나 역시 마음이 착잡해졌다. 당시 선교본부에서 현지로 중재인을 보냈으나 전체 맥락과 전후 사정을 이해하지 못한 채 드러난 감정의 문제만 다루었기 때문에 근본적인 문제 해결에 별 도움이 되지 못했다. 더욱이 우리 부부가 문제의 핵심인 양 오해받는 건 정말이지 참기 힘들었다. '선교를 그만둬야 하나'라는 생각이 들 정도였다. 알바니아 내전으로 모두가 귀국한 상황에서도 갈등 해결의 실마리는 보이지 않았다. 사태가 이쯤에 이르자 심각성을 파악한 지도부는 다시 적극적으로 개입했고, 우여곡절 끝에 우리 부부는 마음을 추스리고 다시 선교 사역을 시작할 수 있었다.

선교사 팀 사역과 갈등에 대해 구체적으로 고민하며, 더 나은 조직과 현지 상황을 반영한 롤모델을 세워 봐야겠다고 생각한 것도 그즈음부터였다. 실제로 2000년 이후에 새롭게 시작한 팀에서는 많은 사역들이 부흥하는 경험을 했다. 약 10년 후 팀에서 다시 갈등이 고개를 들었으나 이번에는 과거의 경험을 교훈 삼아 극단적인 감정 표출 없이 합의 하에 팀의 새로운 길을 모색할 수 있었다.

선교사가 사역을 중도 포기하는 데는 여러 원인이 있다. 설문조사마다 차이가 나겠지만, 전 세계에 파송된 우리나라 선교사들은 "동료 선교사와의 갈등을 가장 심각한 위기 상황"으로 꼽았다.* 선교 사역을 지속하고자 한다면 팀 갈등에 분명한 대응책이 있어야 한다. 갈등이 일어난 후 어떻게 처리할 것인가 하는 소극적인 차원을 넘어 갈등을 되도록 조기에 발견하고 예방하려는 구체적인 노력이 필요하다.

팀 사역이 성경적이라는 것에는 대부분의 선교사들이 동의할 것이다. 주님의 지상 명령인 세계 선교를 완수하는 데 가장 기본이 되고 중요한 것이 '연합'이니 말이다. 저마다 행하는 단독 사역들이 귀하지만, 그 가치는 연합했을 때 더 빛을 발할 것이다. 그러나 성경적이라고 해서 아무 문제가 없을 수 없다. 이는 초기 교회의 대표적 선교사였던 바울과 바나바의 예만 보더라도 알 수 있다. 두 사람은 마가 요한을 전도 여행에 데려가는 문제로 의견이 나뉘어 다투다가 결국 각자의 길을 가게 되었다. 오늘날 세계 선교 현장에서는 단순한 의견 차이로부터 구조적 요인에 이르기까지 많은 이유로 선교사들이 연합하지 못하고 있다.

팀 사역은 왜 어려운 것인가? 팀 갈등은 왜 일어나는가? 갈등이 생겼을 때 어떻게 대처해야 하는가? 그동안 우리 교회와 선교단체가 선

---

* 한국해외선교회(GMF)의 연구기관인 한국선교연구원에서 2014년 2월부터 9월까지 현장 선교사 170명을 대상으로 설문조사를 실시하고, 이듬해 1월부터 5월까지 20명의 선교사와 심층 인터뷰를 한 결과다(국민일보 2015. 10. 18).

교사를 보내는 일에 전력을 기울였다면, 이제는 효율적인 선교사 팀 사역과 갈등 해결을 위해 고민하고 노력할 때다.

이 책을 쓴 목적은 다음과 같다.

첫째, 지난날 사역하면서 참여했던 여러 형태의 팀 사역을 정리하기 위해서다. 20년 넘게 사역해 온 경험과 성찰을 이 책에 담아낼 수 있을까 참으로 조심스럽다. 선교사이기 전에 한 인간으로서 연약한 우리의 모습을 직면해야 하는 아픔도 있다. 하지만 선교 발전에 작은 발판이 되기를 소망하며 지난날을 구체적으로 돌아보고 반성하고 싶었다.

둘째, 여전히 현장에서 진행 중인 팀 사역의 어려움과 갈등 해결에 미약하나마 도움이 되기 위해서다. 팀 사역은 정말이지 쉬운 일이 아니다. 나의 경험과 정리가 현장 선교사들에게 유익한 자료가 되기를 바란다.

셋째, 팀 사역을 장려하기 위해서다. 팀 사역의 전체 그림을 그리면서 실제로 시작해 보기를 권한다. 단독 사역으로는 이루기 힘든 영역에 팀 사역이 도입되어 복음화가 더 신속히 이루어지기를 바란다.

넷째, 팀에서 일어날 수 있는 갈등을 분석, 치료, 예방하는 데 도움을 주기 위해서다. 팀에서 일어날 수 있는 갈등이 어떤 것인지 알고 준비한다면 갈등을 어느 정도 예방할 수 있다. 혹시 갈등이 일어나더라도 팀이 분리되지 않고 합병증을 최소화하며 극복하는 길로 나아갈 수 있다.

다섯째, 실제적인 매뉴얼을 마련하기 위해서다. 우리는 그동안 사역에 바빠서 정리하고 기록하는 일에 상대적으로 소홀했다. 그러나 이것은 사역 전수에 꼭 필요한 일이다.

이 책은 완성품이 아니다. 하지만 팀 사역과 갈등 앞에서 막막해하는 이들에게 하나의 이정표가 되기를 바란다. 그동안 한국누가회 간사대표와 사무총장, 의료선교훈련원 원장으로 섬기고, 선교 현장에서 한국 및 서구 선교기관, 선교사들과 같이 사역하고 경험하면서 관찰, 기록한 것들을 이 책에 녹여 내고 싶었다. 그럼에도 세계 각 지역과 문화에서 사역하는 각 팀의 형편과 갈등의 양상은 그보다 훨씬 더 다양하고 복잡할 것이다. 다만 이 책이 '합력하여 선을 이루는' 일에 쓰임 받기를 바란다. 이를 통해 팀 사역이 복음 공동체로 온전히 세워져 하나님께는 영광이, 선교사들에게는 여러 갈등을 잘 용납하고 인정함으로 사역이 힘들어도 이를 능가하는 기쁨 가운데 주님의 선교 역사를 써 내려가는 데 도움이 되기를 소망한다. 또한 이 책이 다른 기독교 공동체의 팀 사역과 갈등 해결에도 일부 도움이 되면 좋겠다.

1부_ 팀 사역이란 무엇인가?

1. 성경에서 찾아보는 팀 사역
2. 팀 사역은 왜 필요한가?
3. 팀 어떻게 구성할 것인가?
4. 팀 사역 어떻게 운영하는가?

샬롬교회 주일 예배에서 말씀으로 섬김 (2006년)

선교 비전이 없으면 도전이 없고 그저 일상에 충실한 데
만족하기 쉽다. 자신의 선교 비전이 무엇인지 알아야 한다.
그래야 진짜 충성스럽게 사역할 수 있다.
선교 비전은 현재의 어려움을 넘게 하는 최선의 처방이다.

1. 성경에서 찾아보는 팀 사역

팀 사역의 흔적을 성경의 여러 곳에서 발견할 수 있다. 창세기를 보면, 삼위일체 하나님은 일종의 팀을 이루어 만물과 인간을 창조하셨다(창 1:26). 아담과 하와도 하나님이 짝지어 주신 하나의 팀이었다(창 2:18). 출애굽기에서는 모세와 아론 및 모세와 여호수아가 함께하여 마침내 애굽을 탈출하고 광야에서 공동체 생활을 시작했다. 후에는 이스라엘 공동체를 다스리는 일에 천부장과 백부장, 오십부장, 십부장이 모세와 동역했다(출 18:13-27). 아말렉을 상대할 때는 여호수아와 아론과 훌이 모세와 동역했다(출 17:8-16). 사사시대에는 드보라가 바락과 협력하여 가나안의 압제에서 이스라엘을 구했다(삿 4-5장).

특히 신약에서 팀 사역의 예를 쉽게 찾아볼 수 있다. 무엇보다 예수님 자신이 열두 제자를 불러서 함께 다니셨다. 또한 제자들을 둘씩 짝지어 전도 여행을 보내셨다(막 6:7). 엄밀히 말해 예수님과 제자들의 공동체 생활을 팀 사역이라고 보기는 어려운 점이 있다. 그러나 오늘날 선교사 팀을 운영하는 기본 원리를 배울 수 있다는 점에서 살펴볼 가치가 충분하다.

예수님과 열두 제자의 팀 사역

성육신하신 하나님인 예수님은 이 땅에서 하나님 나라를 전파하며 사역하는 동안 홀로 계시지 않았다. 제자들을 불러 따로 세우고 그들과 함께 지내셨다. 예수님은 3년의 공생애를 마무리하시며 지상 명령을 내리고 마지막 승천하기까지 제자들과 일종의 팀 사역을 그대로 유지하셨다. 전능한 신으로서 예수님은 필요할 때마다 신적 권능을 드러내며 사명을 감당하셨으나, 한편으로 다른 누군가의 협력이나 역할 분담이 필요할 만큼 한계를 가진 인간이기도 하셨다. 그렇기에 홀로 사역하기보다 동역이라는 팀 사역을 선택하셨다. 그뿐 아니라 자신이 승천한 후에 제자들이 주님 없이 단독으로 사역하지 않도록 보혜사 성령을 보내셨고, 성령을 받은 제자들도 팀을 이루어 동역의 길을 걸어갔다.

예수님은 제자들과 3년 동안 함께 지내면서 많은 가르침을 주셨을 뿐 아니라 삶으로도 모범을 보여주셨다. 팀 사역을 통해 이를 가장 가까이에서 지켜본 제자들은 나중에 예수님이 승천하신 후 어떻게 지상 명령을 수행할지 보고 배우는 일종의 교과서를 둔 셈이었다.

그러나 예수님과 제자들이 이룬 공동체는 팀 사역으로 볼 때 문제점이 적지 않았다. 예수님을 따르던 열두 제자들은 3년간 공동체 생활을 하는 내내 연약함을 고스란히 드러내며 다투고 분열하고 갈등을 겪었다. 그들은 출신 배경도, 성격도 다양했다. 어떤 이는 극단적이었고, 어떤 이는 무식했으며, 또 어떤 이는 감정에 쉽게 휘둘렸다. 그럼에도 그들은 최종적으로 예수님이 맡기신 세계 선교라는 사명을 효과적으로 감당했다. 예수님과 열두 제자가 보여준 일종의 팀 사역에서 우리는 어떤 교훈을 얻을 수 있는가?

우선, 팀을 이루어 사역하신 예수님의 의도를 헤아려 볼 수 있다. 예수님이 제자들과 함께 다니며 보여주신 본과 가르침은 오늘날 사역하는 우리도 그대로 적용할 수 있다. 예수님과 함께 다녔던 제자들도 인간관계의 문제를 피해 갈 수 없었다. 예나 지금이나 관계의 문제는 인간의 연약함에서 비롯되기 때문이다. 그러니 오늘날 함께 사역하는 선교사들 사이에서 종종 다툼과 갈등이 일어나는 게 전혀 이상한 일이 아니다. 그래도 제자들 곁에는 늘 예수님이 계셨기에 그들 가운데서 일어난 분란은 바로 정리되었다. 오늘날 우리 팀 안에도 눈에 보이지는 않지만 주님이 성령으로 함께하심을 믿음으로 볼 수 있어야 한다. 그럴 때 열두 제자들이 예수님께 받은 교훈과 책망을 우리 것으로 받아 오늘의 문제를 풀어 갈 수 있다.

또 하나, 예수님의 제자들에게서 찾아볼 수 있는 특이한 점이 있다. 바로 동향 사람이 많다는 점이다. 베드로, 안드레, 요한, 야고보, 빌립, 나다나엘은 형제요 같은 동네 사람들이어서 서로를 잘 알고 있었을 것이다. 이 점은 아마도 그들의 공동체를 견고히 하는 데 큰 역할을 했을 것이다. 마찬가지로 오늘날 선교팀을 만들 때 원래부터 관계 있던 사람들, 즉 같은 단체나 교회 선후배, 동료로 팀을 구성한다면 유익한 점이 많다. 하지만 좋은 팀을 이루는 데 우선하는 조건들은 따로 있다. 이에 관한 이야기는 이어지는 장에서 구체적으로 다루겠다.

사도들의 팀 사역

최초의 지역교회라 할 수 있는 예루살렘교회도 열두 사도가 공동으로 이끌었다. 바울과 바나바를 선교사로 파송했던 안디옥교회도 선지자들과 교사들이 함께 섬기는 교회였다(행 13:1). 이방인의 첫 교회인 안디옥교회에서는 바나바와 시므온, 루기오, 마네엔, 사울(바울)이 동역했다. 그런 다음 성령의 부르심을 따라 바나바와 바울은 아시아 지역으로 가서 선교를 하게 되었다. 나중에 바울은 바나바와 헤어졌지만 브리스길라와 아굴라, 디모데, 에바브로디도, 의원 누가 외에 그의 서신에 나타난 많은 동역자들과 계속해서 연합하며 선교를 했다.

그중 사도 바울과 바나바의 동역이 특별했다. 바나바는 초대교회에서 가장 덕망 있고 신뢰 받는 지도자 가운데 한 사람이었다. 그는 '권위자'(권면과 위로의 아들)라고 불릴 만큼 중재와 사람 세우는 일에 탁월했다. 한때 기독교의 박해자였던 사울(바울)이 회심한 후 예루살렘에 가서 제자들과 사귀고자 했지만 모두가 그를 두려워하며 받아들이지 않았을 때, 바나바가 나서서 바울을 변호하고 돌보는 수고를 아끼지 않았다. 한편 사도 바울은 굉장히 철저하고 곧은 사람이었다. 불의와 타협하지 않고 하나님 일에 관해서만큼은 부족함이나 연약함을 용납하지 않았다.

바울과 바나바는 배경과 기질이 여러 면에서 달랐지만, 이들이 함께 사역했을 때 큰 시너지가 일어났다. 두 사람은 안디옥교회의 파송을 받아 역사상 처음으로 이방인을 위한 선교사가 되어 소아시아, 즉 지금의 터키 지역에 많은 교회들을 세웠다. 나중에 마가 요한의 문제로 결국 각자의 길로 헤어지는데, 이 대목에서도 오늘날 사역팀 내 갈등을 처리하는 일과 관련해 우리가 얻는 교훈이 있다. 그 내용은 5장 '팀 구성의 방식에 따른 갈등'에서 좀더 살펴보겠다.

알바니아 기독의사회의 고문 시절 (1997년)

선교 경험의 유효기간은 생각보다 짧다.
선교는 흐르는 물과 같아서
오늘 내가 뛰어드는 물은 어제의 물이 아니다.
같은 물처럼 보여도 각오를 새롭게 해야 한다.

2. 팀 사역은 왜 필요한가?

팀 사역의 정의와 모델

여럿이 모인다고 해서 무조건 팀이 되는 것은 아니다. 팀 사역이 이루어지려면 무엇보다 구성원들이 같은 목적을 가지고 있어야 한다. 한 목적을 이루기 위해 기꺼이 헌신하려는 사람이 두 명 이상 함께 사역해야 팀 사역이라고 할 수 있다. 부부는 두 명이지만 부부만으로는 팀이라 할 수 없고, 부부 선교사에 독신 선교사, 독신 선교사에 다른 독신 선교사와 같이 구성되어야 최소한의 팀이라고 할 수 있다.

팀 사역은 같은 장소에서 사역하는 것을 기본으로 하지만 한 국가 내에 다른 장소에서 사역해도 팀이라고 할 수 있다. 팀의 구성은 교단이나 교회 및 선교단체에서 처음부터 구성원을 모아 구성할 수 있고 아니면 선교 현장에서 선교사들끼리 직접 팀을 구성할 수도 있다. 한 선교지에 있으면 대개는 같은 팀이 된다. 하지만 그 안에서도 다시 여러 팀으로 나뉠 수 있다.

팀 사역의 모델로 여러 예를 들 수 있지만, 그중에서 〈탈무드〉에 나오는 삼형제 이야기를 나누고 싶다. 삼형제에게는 각자 귀한 보물이 있었다. 첫째는 먼 곳을 볼 수 있는 망원경을, 둘째는 하늘을 나는 양탄자를, 셋째는 어떤 병이든 낫게 해주는 과일을 가지고 있었다. 어느 날 먼 나라의 공주가 알 수 없는 병에 걸려 죽어 가는 모습을 첫째가 망원경으로 발견했다. 삼형제는 둘째의 양탄자를 타고 공주가 있는 궁궐로 단숨에 날아갔다. 셋째는 얼른 공주에게 과일을 먹였고 덕분에 공주는 살아날 수 있었다.

삼형제에게 각자 귀한 보물이 있었듯이 선교사들도 저마다 사역에 활용할 수 있는 보물을 가지고 있다. 하나님이 생명을 구원할 목적을 가지고 팀 사역에 쓰라고 주신 것이다. 삼형제의 보물 가운데 어느 것 하나라도 없었더라면 공주를 살리지 못했을 것이다. 첫째의 망원경이 있었기에 먼 나라의 공주가 아픈 것을 발견할 수 있었고, 둘째의 양탄자가 있었기에 늦지 않게 공주에게 갈 수 있었으며, 결정적으로 막내의 만병통치 과일이 있었기에 공주의 목숨을 살려낼 수 있었다.

여기서 어떤 보물이 더 귀하고 덜 귀한지 따질 수 있을까? 삼형제가 하나의 목적을 이루기 위해 각자의 보물을 사용했듯이, 우리도 팀의 목적을 위해 저마다 가지고 있는 보물, 즉 은사를 사용할 수 있다.

사실 삼형제 이야기는 여기서 끝나지 않는다. 팀 사역 차원에서 보았을 때, 삼형제가 공주를 구하고 난 뒤의 이야기가 어쩌면 더 흥미진진할지도 모른다. 삼형제는 공주를 구하고 난 뒤 오히려 우애에 위기를 맞을 수 있었다. 무슨 일인지 4장 '팀 사역의 기본 원리'에서 더 살펴보겠다.

팀 사역이 필요한 이유

선교에 팀 사역이 필수인 이유를 다음 다섯 가지로 정리해 보았다.

첫째, 선교는 결코 한 사람의 힘으로는 다 이룰 수 없는 크고도 넓은 일이기 때문이다. 우리가 이르러야 할 곳은 땅끝까지이고, 만나야 할 사람은 복음을 듣지 못한 전 세계인이다. 그러니 아무리 많은 선교사가 함께 사역한다 해도 넘침이 없다.

둘째, 사역의 시너지를 내기 위해서다. 한 선교사가 사역하는 것과 여러 선교사가 함께 사역하는 것은 질과 양에서 그 차원이 다르다. 다섯 명이 각자 일해 최대 500퍼센트까지 결과를 낸다고 보았을 때, 이들이 팀을 이루어 일할 경우 1,000퍼센트 이상의 결과를 더 짧은 기간 내에 만들 수 있다.

셋째, 선교사의 성숙과 리더십을 위해서다. 선교사는 온전한 사람이 아니며 선교지에서 다시 태어나 자라가는 사람이다. 선교사가 사역하는 가운데 성숙해지기 위해서는 밀접한 관계를 주고받는 공동체가 필요하다. 서로 부대끼며 이해하고 설득하는 가운데 지(知), 정(情), 의(意)가 자라고 영적으로도 성숙해진다.

넷째, 한 선교사의 부재에 영향을 받지 않기 위해서다. 선교지에서는 어느 한 선교사가 자리를 비우는 기간이 생길 수 있다. 정기적인 안식년 외에도 질병이나 자녀 교육, 국내 본부사역과 선교사 자신의 교육 같은 이유로 선교지를 비우는 경우다. 팀 사역이 단단하게 이루어지고 있다면 이런 때에도 사역이 흔들리지 않고 지속될 수 있다.

다섯째, 선교의 연속성을 유지하기 위해서다. 선교사들은 결국 은퇴할 것이고, 때로는 사역을 중도에 그만둘 수도 있다. 그 전에 현지 사역자를 잘 양육하여 사역을 이양하는 것이 가장 좋지만, 늘 그럴 수 있는 것은 아니므로 팀 사역으로 시스템을 다져 놓아야 한다.

여섯째, 투명성과 객관성을 지키기 위해서다. 단독보다는 팀으로 일할 때 사역, 재정, 보고 등에서 투명성과 객관성을 확보할 수 있다. 단독으로 사역하는 경우 사사시대에 사사들이 그랬던 것처럼 선교사들마다 "자기 소견에 옳은 대로"(삿 17:6) 일하기가 쉽다. 하지만 팀으로 사역한다면 이런 일을 견제하고 균형을 이룰 수 있다.

일곱째, 현지인 신자들을 보다 더 성숙한 제자들로 양육하기 위해서다. 선교사 개인이 모든 면에 완벽할 수는 없다. 현지인들에게 선교사들이 팀을 이루어 사역하는 모습은 하나의 연합 모델이 될 수 있으며, 다양한 각도에서 멘토링을 제공한다는 점에서 유익하다.

팀 사역에 관한 잘못된 개념

팀 사역 하면 흔히 떠오르는 몇 가지 잘못된 개념들이 있다. 대표적인 오해를 살펴보면서 팀 사역의 개념을 바로잡아 보자.

팀장은 무조건 선임이, 팀원은 후임이 맡는다?

오랫동안 선교 현장에는 이런 공식이 존재해 왔다. 선교사 수가 절대적으로 부족한 시절에는 그럴 수밖에 없었음을 이해한다. 선임 선교사가 먼저 선교지에 들어가 현지 문화와 언어를 접했고, 기간에 따라 다르겠지만 이미 정착을 마치고 상당히 많은 사역을 이루어 놓았을 테니 말이다. 그가 가지고 있는 정보는 후임 선교사가 선교지에서 정착하고 사역을 시작하는 데 절대적이었고 지금도 여전히 중요하다. 그러나 지금은 예전보다 많은 선교사들이 선교에 합류하고 있고, 정보를 얻기도 비교적 용이해 나이나 연차보다는 전문성과 은사를 고려하여 팀장을 세우는 것이 맞다. 효과적으로 사역하는 팀일수록 분야별로 리더십을 나누는 경향이 있다. 이를 통해 팀의 선교사들은 자신의 은사에 맞는 사역을 계발하고 폭을 넓히는 기회를 갖는다.

후임 선교사가 오면 팀은 저절로 만들어진다?

단독으로 사역하다가 후임 선교사가 오면 구성원이 둘 이상이 되니 팀이 이루어지는 한 조건을 채운 셈이다. 그러나 아직 다른 요소가 빠져 있다면 반드시 팀이 시작되었다고 볼 수 없다. 팀 사역을 하겠다는 결정을 내리고, 어떤 식으로 사역할지 구성원들 간에 합의한 후에야 비로소 팀의 초기 모습이 형성되었다고 볼 수 있다.

회의에서 결정했으니 이제 팀 시작?

선임 선교사와 후임 선교사가 모여 회의하고, 팀을 시작하자고 결의한 후 내규까지 만든다고 해서 팀이 시작된 것은 아니다. 팀을 시작하려면 후임들이 선교지에 충분히 정착한 후 선교와 관련해 정확한 판단을 내릴 수 있는 정도에 이르러야 한다. 다시 말해, 선임과 후임이 팀 안에서 수평적인 대화를 나눌 수 있을 때 팀을 시작하는 것이 좋다. 그전에 임시 형태를 갖출 수는 있으나 진정한 의미에서 팀이라고 하기에는 부족한 점이 있다.

단기 사역자와는 팀 사역을 할 수 없다?

이에 대한 답은 대체로 '그렇다'이다. 몇 주나 몇 개월만 사역하러 온 선교사와는 팀 사역을 하지 않는 것이 좋다. 적어도 1년 이상 사역하는 선교사라야 적절한 상황과 지속적인 관계 속에서 팀 사역을 도모할 수 있다.

코소보 난민 구호 (1999년)

야구 감독은 홈런 한 방으로 끝나는 경기보다
작전이 이루어지는 경기를 좋아한다고 한다.
그러나 감독도, 관중들도 시원한 홈런이 보고 싶을 때가 있다.
선교 역시 한 사람이 홈런을 치는 멋진 사역 보고가 있는가 하면,
여러 사람이 머리를 맞댄 선교 작전에 따라 구원을 이루는 역사도 있어야 한다.
한 팀 안에, 한 선교사의 생애 안에 작전과 홈런이 반복되어야 한다.

3. 팀 어떻게 구성할 것인가?

팀 사역 구성의 3대 요소

팀 사역을 구성하는 3대 요소는 팀장, 팀원 그리고 구조다.

좋은 팀장

- 영성과 인격과 정직을 구비했다.
- 겸손하면서도 용기 있는 리더십을 갖추었다.
- 전후좌우를 바로 보며 안목이 균형 잡혔다.
- 지혜와 기술로 팀원들을 강하고 부드럽게 이끈다.
- 현실 및 국제 감각이 뛰어나다.
- 격려하고 칭찬하는 일에 익숙하다.
- 팀원의 의견을 잘 모아 비전과 방향을 제시한다.
- 개방성과 융통성이 있다.
- 현지어와 영어에 능통하다.

이런 덕목을 두루 갖춘 선교사가 있을까 싶지만 돌아보면 아주 없는 것도 아니다. 몇 가지 뛰어난 덕목이 부족한 다른 부분을 덮어 주기도 한다. 앞에서는 맨 마지막에 언급했지만, 선교사에게 어학 능력은 실제적으로 빼놓을 수 없는 자질이다. 현지인과의 소통, 깊은 대화, 국제기관이나 리더와의 교류 등이 갈수록 중요해지고 있기 때문이다.

좋은 팀원 ············
- 영성과 인격과 정직을 구비했다.
- 자기 위치와 역할을 잘 이해하고 있다.
- 열린 자세로 의견을 주고받는다.
- 맡은 영역에 충실하다.
- 삶과 사역에서 성숙과 변화를 추구한다.

팀장이 아무리 리더십을 잘 발휘해도 팀원들이 따르고 뒷받침해 주지 않으면 아무 소용없다. 팀장과 팀원을 막론하고 선교사들은 저마다 받은 부르심을 따라 자신의 은사를 최대한 활용하여 사역해야 한다. 특히 사람에 대한 깊은 이해와 사역에 대한 열정이 있어야 한다. 자신이 먼저 제자의 삶을 살고, 다른 사람을 제자로 세워 그렇게 살아가도록 도전하기 위해서는 지혜와 인내심이 필수다. 사실 팀장과 팀원은 역할에 차이가 있을 뿐 선교사로서 갖추어야 할 기본 자질은 두 경우 모두에게 적용된다.

좋은 구조
- 사명 선언문과 비전 선언문이 있다.
- 느슨하고 열려 있으나 구분된 구조와 체계를 갖추었다.
- 구성원의 역할 결정과 분배가 정확하다.
- 팀 규정을 따르되 유연하게 적용한다.
- 구조가 성장하는 변화를 보인다.
- 팀 구성원 간의 합의로 일을 처리한다.
- 모두가 윈윈(win-win)하는 길을 찾는다.

모 지역의 선교팀은 여러 나라 출신의 선교사들로 구성되었다. 다양한 배경을 지닌 만큼 어느 한 사역을 할 때에도 다양한 시각 차가 있고 의견이 분분한 편이다. 그런데 그들은 불문법처럼 여기는 선교 가치관과 사명이 확고하게 서 있고, 결국 그 가치를 기준으로 의견을 모아 간다. 방법만큼은 선교사들의 다양한 의견을 수용하는 편이다. 기존의 ABC 방식을 따르기보다는 XYZ라는 역발상을 존중한다. 목표와 목적 중심으로 소그룹을 만들어 움직이는 것도 특징이다. 현장의 요구에 발맞춰 교회 사역, 청년 사역, 의료 사역, 제자 사역, 청소년 사역, 어린이 사역, 대학 사역, 사업 사역 등 팀이 세분화되어 있다.

좋은 팀을 만나는 것은 축복이며 좋은 팀장을 만나는 것은 사역의 방향성과 프레임을 세우는 데 매우 중요한 요소가 된다. 그것은 주어지는 면도 있지만 후천적으로 만들어지는 부분이 더 많다. 사실 좋은 팀과 팀장을 만나는 것은 상당 부분 선교사 자신에게 달려 있다. 먼저, 파송을 받기 전에 선교단체와 선교지와 팀에 대해 자세히 알아보고 신중하게 선택해야 한다. 단순히 국가와 선교단체의 외양만 보아서는 안 된다. 기관의 내부를 살펴보고 선교사 돌봄이 어떻게 이루어지고 있는지, 팀 운영은 어떻게 하는지 꼼꼼히 챙겨서 보아야 한다. 그렇다면 어떤 팀이 좋은 팀인지 구체적으로 살펴보겠다.

좋은 팀의 특징들

서열보다 파트너십이 우선인 수평적 구조다

수직적 구조에서 흔히 나타나는 권위주의 색이 옅고 평등한 관계를 지향한다. 일방적 지시와 명령 하달식이 아니라 다양한 의견들을 주고받으며 지적과 비판도 자유로워 올바른 분석과 평가를 통해 다음에는 더 나은 사역을 만들어 간다. 팀이란 본래 은사에 따른 역할 분담이 있을 뿐 상하 등급으로 구성되는 게 아니므로 수평적 구조가 팀에 최적화된 구조라 하겠다. 구조가 수평적이지 못한 곳에서는 아무래도 업무 외적인 부담과 스트레스가 많다. 우리나라 사람들이 나이를 중시하고 연장자를 존경하는 것은 좋은 문화이지만 나이가 서열이 되어 문제를 일으키는 경우가 종종 있다. 나이와 배경을 넘어 파트너십을 세워 가는 것이 중요하다.

책임과 권한이 분명하게 주어진다

팀 구성원이 어떤 유형의 사람들인지, 무슨 일을 잘하고 무슨 일을 못하는지 알아서 그에 맞는 역할을 선택할 수 있다. 맡은 영역에서 전적인 책임을 갖고 일할 수 있도록 권한을 충분히 준다. 선교지에 가서 보면 리더나 선임 선교사가 자신이 가장 자신 있거나 잘되고 있는 사역을 맡고, 후임 선교사에게는 미개척 영역이나 자신이 맡지 않은 나머지 분야를 떠넘기는 경우가 종종 있다. 같은 목회자 선교사라 해도 선임과 리더는 주요 예배의 설교를 도맡고, 후임에게는 어린이 사역만 맡기거나(어린이 사역이 덜 중요하다는 뜻이 아니다), 자기가 자리를 비울 때에만 가끔씩 설교를 맡기는 경우가 이에 해당한다.

다양함과 차이 속에서 역동성을 만들어 낸다

팀은 다양한 색채와 성격을 지닌 이들이 모여 있고, 이는 팀 사역이 깊어질수록 더욱 다양하게 나타난다. 그런 다양성과 차이는 서로를 불편하게 하기보다는 디딤돌 내지 시너지의 역동성으로 귀결된다. 내과 전문의인 나는 알바니아에서 한의사와 한 클리닉에서 일했다. 양의와 한의가 어떻게 한 지붕 아래에서 조화를 이룰까 의아해하겠지만 팀 사역에서는 얼마든지 가능한 일이다. 환자 중에 유독 통증을 호소

하는 이들을 선별하여 한의사에게 통증 치료를 받게 했더니 전국에서 환자가 몰려들었다. 클리닉이 잘되면서 현지인들의 신뢰를 더 얻게 되었고, 덕분에 복음을 전할 기회도 더 생겨났다. 어느 여성 선교사는 언어 능력과 타지 문화에 적응하는 능력이 다소 떨어졌지만 행정과 재정 업무에서 뛰어나 팀 사역 전체에 얼마나 큰 도움이 되었는지 모른다. 선교지라는 동떨어진 공간과 제한된 환경 속에서 선교사들이 지닌 다양성은 팀 전체에 기여하는 바가 크다.

소통과 친교와 유머가 끊이지 않는다

공적으로든 사적으로든 팀 구성원들이 모이면 자연스레 친교가 이루어진다. 서로 눈치를 보지 않으며 자유롭게 이야기한다. 이런 분위기에서는 누구라도 팀에 자연스럽게 합류하게 된다. 반면에 팀 사역이 잘 안 되는 조직을 보면, 대개 소통과 친교가 경직되어 있고 일방적이며 그마저도 제한되어 있다. 반면에 소통과 친교가 잘되는 팀에서는 웃음이 떠나지 않는다. 유머는 선교 사역에서 윤활유와 같다.

투명성과 공정성이 신뢰와 안정을 보장한다

좋은 팀은 구조 자체가 직사각형이나 정사각형처럼 매우 안정되어 있다. 축구공 같은 원형은 지면에 닿는 부분이 적어서 불안정하다. 바람이 불면 잘 흔들린다. 럭비공은 한번 튀면 어디로 날아갈지 예측하기 어렵다. 어느 학자가 한국 사회를 축구공에, 서구 사회를 면체에 비유한 적이 있다. 서구 사회는 9.11 테러와 같은 대형사고가 났을 때 흔들리는 것 같지만 이내 평정심을 찾고 다시 안정기로 들어간다는 것이다. 팀이 안정되는 데 많은 요소가 필요하지만, 그중에서 나는 공정성과 투명성을 가장 중요한 요소로 꼽고 싶다. 팀 내 회의와 사역과 결정들이 공정하게 처리되고, 팀원들에게 숨김없이 전달되며, 대화의 자리가 마련될 때 팀원들은 팀을 신뢰하게 된다. 신뢰야말로 안정의 바탕이 된다.

열매를 공정하게 나눈다

좋은 팀은 같이 사역해서 얻은 열매를 공정하게 나누는 시스템을 가지고 있으며, 이에 팀원들이 동의하고 있다. 열매는 팀장의 것만이 아니며 역할을 주도한 한 사람이나 한 가정의 것이 될 수 없다. 양과 정도에 차이는 있을 수 있으나 기본적으로 '모두의 것'임을 인지해야 한다. 선교사가 자신의 후원자에게 보내는 선교 편지에 사역의 열매에 대한 이야기를 자유롭게 쓸 수 있다면, 그것은 그 팀이 공정한 나눔을 실천하고 있다는 하나의 증거가 된다. 다만 누가 그 사역에서 주도적인 역할을 했는지 밝히는 것은 선교사의 도의적 예의에 속한다 하겠다.

배려와 칭찬이 오간다

선임 선교사와 후임 선교사가 존재하지만 이는 권위와 순서의 문제가 아니라 배려와 순종의 형태로 나타난다. 선임은 후임이 자신보다 더 훌륭하게 사역하도록 돕고, 그런 결과가 나타날 때 칭찬하고 기뻐해야 한다. 예를 들어, 여태껏 자신이 해오거나 열매가 많은 영역이더라도 후임이 더 전문성 있게 잘해낼 것 같다면 기꺼이 그 일을 내어줄 수 있어야 한다. 나아가 자신의 노하우를 알려주는 등 지원을 아끼지 말아야 한다. 이런 배려는 역으로 후임이 선임에게 할 수도 있다. 때로는 선임도 후임의 배려와 칭찬을 기다릴 때가 있다.

전략과 비전을 함께 만들고 공유한다

사실 가장 좋은 선교 전략은 팀 사역이다. 팀 사역이 잘되면 비전이 더욱 뚜렷해진다. 누군가가 전략을 제시하면 다같이 토론하는 가운데 최고의 결론을 만들어 가는 것이 바로 팀의 역동성이다. 이렇게 해서 만든 비전은 모두가 공유한다. 단독 사역만 해서는 효과적인 전략과 비전을 만들기가 쉽지 않다. 설령 만든다 해도 지속적으로 발전시키기가 어렵다.

팀 사역과 리더십 계발

팀 사역은 역시 팀 구성원인 각 사람이 실행의 주체다. 그중에서도 리더의 역할과 어떤 리더십을 발휘하느냐가 참으로 중요하다. 팀 사역을 시작한 후 팀장과 팀원 사이의 갈등으로 인해 팀 사역이 지속되지 못하고 팀이 분리되거나 해체되는 대부분의 경우는 제대로 된 리더십의 결여에서 비롯된다. 효과적인 팀 사역을 하기 위해서는 성숙한 리더가 반드시 필요하다.

"리더십은 태어나는 게 아니라 만들어진다"는 말이 있다. 이 말에는 여러 뜻이 있겠으나 사람들이 모여 사역하는 현장에서 리더십이 자라간다는 의미가 크다. 처음부터 완성된 형태가 아니라 작은 것에서 큰 것으로, 미성숙한 데서 성숙한 데로, 아마추어 수준에서 전문가 수준으로 리더십이 자라가는 것이다.

다음은 그동안의 현장 경험을 바탕으로 선교사 팀 사역의 리더가 갖추어야 할 리더십을 크게 네 가지로 나누어 보았다. 영적 리더십, 지혜와 기술의 리더십, 변화와 도전의 리더십, 제도화의 리더십이다.

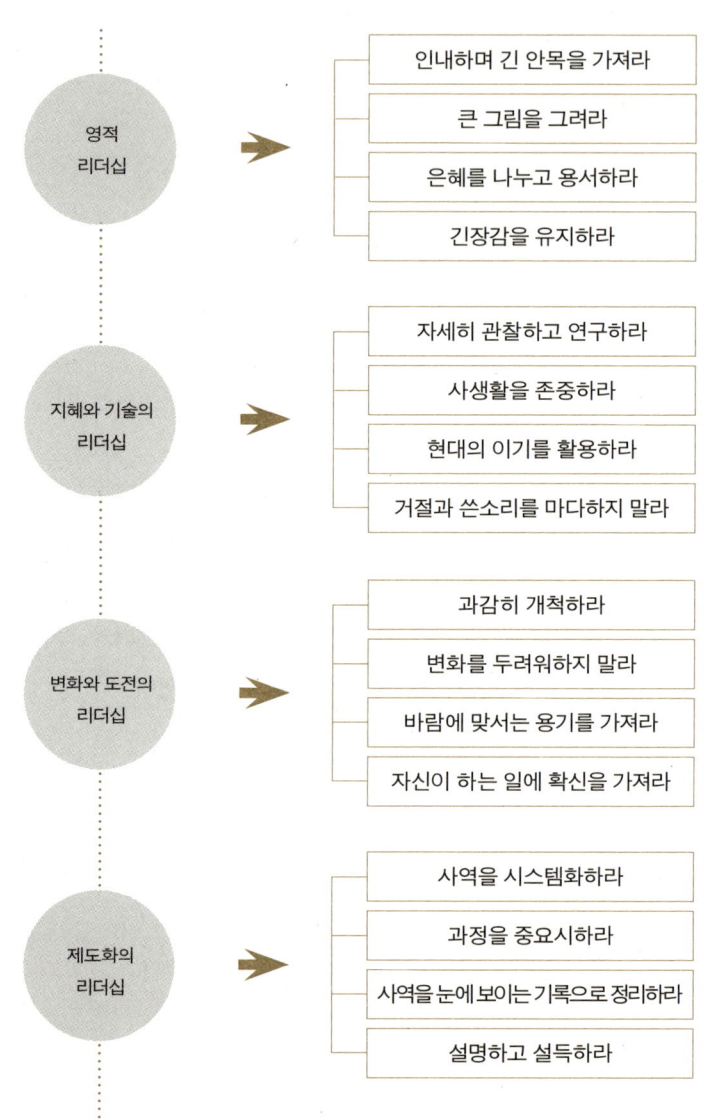

< 선교사 팀 사역에 필요한 리더십 >

영적 리더십

인내하며 긴 안목을 가져라

인내는 리더십에서 가장 많이 요구되는 덕목이다. 어떤 일이든 성급하지 말고 인내를 가지고 듣고, 생각하고, 판단하고, 배려할 줄 알아야 한다. 현지인을 대할 때는 더욱 인내가 필요하다. 언어와 문화, 사고방식이 달라 처음에 겪는 어려움이 많다. 당연하게 생각했던 것들이 받아들여지지 않고, 하나부터 열까지 지시해도 실수 연발일 수 있다. 그래도 그들의 삶 속으로 들어가기 위해서는 인내하며 그들이 진정한 동역자로 서기까지 기다리고 이해하는 과정이 필요하다.

선교지 사역은 신속하게 시작되고 진행되어야 하지만 교회 성장과 제자 만들기, 팀 사역 등 많은 일에서 긴 안목이 필요하다. 모 선교단체의 경험 많은 한 선배 선교사는 선교지에서 적어도 10년은 인내심을 갖고 기다려야 한다고 조언한다.

큰 그림을 그려라

선교사는 한 지역에서 사역하더라도 큰 밑그림을 가지고 이를 채워 나가는 개념으로 일해야 한다. 우리가 진정 목표하고 바라는 것은 당장 눈앞에 보이는 실적이나 외형의 성장이 아니다. 결국 하늘나라의 소망과 상급에 관한 것이다. 이것이 나의 사역, 내가 속한 단체를 넘어 주님의 자녀들이 함께 이루어 가는 일임을 늘 염두에 두라. 이는 팀 사역이나 연합 사역을 할 때 리더십이 꼭 갖추어야 할 요소다. 실제로 연합 사역을 하려면 연합하는 자체에 에너지가 많이 드는데, 어찌 생각하면 이런 에너지 소모는 불필요해 보인다. 그럼에도 보다 큰 그림을 그리며 연합체를 유지할 때 시간이 갈수록 단일 팀에서는 얻기 힘든 많은 정보와 사역의 기회를 얻게 될 것이다.

알바니아선교사연합회(AEP, Albania Encouragement Project)의 경우 약 70개가 넘는 선교단체와 수백 명의 선교사가 같이 움직인다. 덕분에 대정부 관계, 협력 구호사역, 다양한 전문인 확보, 정보 교환 등에서 시너지를 내고 있다. 또한 '우리는 하나'라는 공동체 의식과 파트너십이 눈에 보이지 않는 힘이 된다. 모르고 지내던 사람들도 AEP라는 말 한마디에 금세 친해진다. AEP를 통해 선교사들은 자신도 모르게 늘 큰 그림을 보고 있었다.

은혜를 나누고 용서하라

은혜가 많은 선교사가 되는 것이 나의 꿈이다. 은혜는 오직 하나님에게서 온다. 우리는 은혜로 선택받았고, 부르심받았고, 구원받았으며, 사명을 받았다. 이 은혜를 기억할 때 선교지에서 넉넉한 삶을 누릴 수 있다. 은혜를 체험할 때 용서하고 나누는 넓은 마음을 가질 수 있다. 은혜를 풍성하게 누리는 사람은 주변을 은혜롭게 한다. 리더십은 인내하는 동시에 자신에게 잘못한 동료 선교사와 현지인과 주변 사람들을 용서할 수 있어야 한다. 때로는 그들이 용서를 구하지 않아도, 아니 잘못을 전혀 인정하지 않더라도 그렇게 해야 한다. 나아가 자기 자신을 용서할 수 있어야 한다. 모든 사역의 밑바탕에는 상대에 대한 긍휼이 있다. 긍휼 없는 사역, 긍휼 없는 대화, 긍휼 없는 섬김은 모두 무의미하다.

긴장감을 유지하라

선교지는 늘 위험과 위기가 있는 곳이다. 긴장을 늦추다가는 자칫 사고가 날 수 있다. 또한 영적 전쟁의 장이므로 리더십은 영적 긴장감을 늘 갖고 있어야 한다. 동역하는 선교사의 특징, 단기 선교팀, 주변 여건, 정세 등과 관련해 발생할 수 있는 문제들을 예견하고 미리 준비해 두는 것이 좋다.

1997년 내전이 일어나 알바니아가 무정부 상태가 되었을 때, 한때 우리 가정을 포함해 열두 명이 고립되었지만 모두 무사히 탈출했다. 한 가정이 여권이 없어서 나오지 못했지만 중간 기착지에서 그리스 한국대사관과 여러 기관에 끊임없이 연락하여 다들 무사히 탈출할 수 있었다. 사역 기간을 통틀어 그때만큼 긴장했던 적도 없는 것 같다. 당시 현지에 얼마간의 재정을 비축해 놓았는데 알바니아에 머물렀던 여러 한국 선교사들이 탈출해서 이동하는 데 적절하게 사용되었다. 평소의 긴장감과 준비가 결정적일 때 도움이 되었다.

지혜와 기술의 리더십

자세히 관찰하고 연구하라

리더십을 잘 발휘하기 위해서는 사람과 사역에 대해 정확하고 구체적으로 이해하고 있어야 한다. 그러자면 관찰을 잘해야 하는데, 선교 분야에서 관찰해야 하는 사항들이 학문적, 체계적으로 정리되어 있지 않는 실정이다. 형식 없이 존재하고 다양하게 드러나는 현상을 잘 관찰하여 자료화, 객관화, 정보화하는 것도 다음세대를 준비하는 리더의 중요한 역할 중 하나다.

알바니아선교사연합회는 연합회가 설립된 지 10년이 되는 2002년에 알바니아가 얼마나 복음화 되었는지 전수조사를 실시했다. 현지인 교회 리더들과 성도들을 고용하여 전국을 방문하게 하고, 이미 사역하고 있는 각 단체와 선교사들에게 설문지를 보내어 각 교회의 사역과 상황들을 살폈다. 약 6개월간 조사한 후 그 결과를 책자로 발표했다. 이 책자는 지난 10년간의 복음화 노력을 설명하면서 지리적으로 복음화가 어려운 지역들과 각 교회의 출석 교인들의 통계와 같은 자세한 내용을 담아서 각 단체와 선교사가 다음 사역을 기획하는 기초 자료로 사용할 수 있도록 했다.

사생활을 존중하라

선교사의 사생활은 당연히 존중받아야 한다. 애매한 부분이 있으면 일단 사생활로 여기고 보호해 주는 것이 맞다. 특별히 사역과 직접 관련된 일이 아니라면 선교사 개인과 그의 가정에 대해 그리고 현지인에 대해 철저히 비밀 유지를 해야 한다. 선교사들이 보통 말이 많고 사역을 할수록 더욱 많아진다지만, 필요한 때 침묵하며 불필요한 말을 줄이는 것도 모범적인 리더십이다. 선교사에게는 사생활과 관련해 자유를 충분히 누릴 권리가 있다. 그러나 자유를 남용하거나 오용하지 말고 공동체의 유익을 위해, 가족과 자신을 위해 사용해야 한다.

현대의 이기를 활용하라

시대의 흐름을 읽고 현대의 이기(利器)를 적절히 활용하는 리더십이 필요하다. 한국에서 안식년을 보내면서 의료선교협회 총무이사를 맡게 되었다. 전체 의료선교를 섬기는 역할을 맡아 보니 선교에 연합과 협력이 부족한 실정을 알게 되었다. 이를 위해 당장 무슨 일부터 할 수 있을까 생각하다가 의료 선교사들을 연결하여 단체카톡방을 만들었다.

100여 명이 넘는 선교사들이 모이니 서로의 안부를 전하고 소식을 나누는 것은 기본이고, 서로의 필요를 돕는 일들이 거의 실시간으로 이루어졌다. 어느 선교사가 일하는 지역에서 한국에 온 현지인이 심장 문제로 어려움을 겪는 사연을 카톡에 올리니 금방 돕는 이가 나타나 치료를 받을 수 있었다. 선교대회 헌신자 중 재정 후원자를 선교사와 바로 연결해 줄 수도 있었다. 스마트폰으로 환자를 진료하는 시스템을 찾는 일에 대해서도 카톡에 올리니 그것을 사용하고 있는 선교사와 금세 연락이 닿았다.

거절과 쓴소리를 마다하지 말라

리더십은 포용성이 있어야 하지만 불의와 적당함에 타협하는 일은 단호하게 거절해야 한다. 대다수가 찬성하고 많이 진행된 일이라 할지라도 문제가 발견되었다면 용기 있게 나서서 "아니요"라고 말할 수 있어야 한다. 팀원의 적절하지 못한 요구도 거절할 수 있어야 한다. 단, 반대하고 거절할 때는 분명한 근거가 있어야 하며 부드럽게 하는 것이 좋다. 사랑의 비판도 과감히 할 수 있어야 한다. 이 역시 상대방을 존중하는 자세를 유지하는 것이 중요하다.

변화와 도전의 리더십

과감히 개척하라

선교지에 간 초기에 사막에 떨어진 느낌이었다고 말하는 선교사들이 적지 않다. 많은 것이 부족한 상황에서 어디서, 무엇을, 어떻게 할지

막막하기 때문이다. 우선은 생존만 해도 잘하는 것 같다. 그러나 생존은 선교지에 간 목표가 아니다. 사막에서 오아시스를 찾거나 만들 듯이 어려운 현지에서도 사역을 만들어 가야 한다. 사역을 개척하기 위해서는 다음과 같은 요소가 필요하다. 반드시 개척해야 한다는 절대적 사명감, 이를 위한 몸부림(구하고 찾고 두드리는 시도들), 지푸라기 잡기(작은 만남, 작은 연락, 작은 접촉, 작은 정보들), 적극적이고 과감한 투자(시간, 노력, 재정), 실패를 두려워하지 않는 리더십 등. 자신의 사역뿐 아니라 다른 팀원들의 사역을 위해서도 동일하게 개척하는 리더십을 보여주어야 한다.

변화를 두려워하지 말라

리더는 새로운 변화와 도전을 두려워해서는 안 된다. 매년 같은 프로그램과 사역에 만족해서는 안 된다. 단독 사역을 하는 경우 무언가에 새롭게 도전하는 게 엄두가 나지 않을 수 있으나, 팀과 함께라면 보다 다양한 방식으로 새로운 도전을 해볼 수 있다.

어느 팀은 같이 사역한 지 약 7년이 지나면서 열매가 매우 풍성해졌다. 현지인 리더들이 많이 자라서 거의 모든 공식 모임을 주도해 갔다. 선교사들은 담당하는 역할이 점점 줄어들었으나 새롭게 사역을 개척하기보다는 현재의 풍성함에 안주했다. 주일에 가끔 설교하고, 평일에는 현지인들에게 사역을 보고받는 소극적인 관리자 역할에 머물렀다. 이런 흐름에 영적 위기를 느낀 팀장은 새로운 변화를 가지려고 시도했다. 기존에 없던 치과 사역을 시작하고 그 일을 할 수 있는 사역자를 새로 데려오기로 한 것이다. 안정기에 들어선 병원의 시스템이 흔들릴 수 있다는 우려가 있었지만, 결과적으로 치과 사역은 매우 빠른 속도로 현지의 치과대학에 파고들어 복음적 성과를 거두었다. 모두들 "이 정도면 됐다", "아무 문제없다"라며 현재 상황에 안주할 때 도전한 변화였고 이루어낸 개척이었다.

물론 이러한 변화를 시도할 때 모든 구성원들과 충분히 대화하며 이해와 지원을 끌어내는 것도 리더의 역량이다. 팀 전체가 아닌 일부의 특화 사역이라 할지라도 팀의 전폭적인 지원이 있다면 그 사역 또한 팀의 사역이 될 수 있다.

바람에 맞서는 용기를 가져라

용기는 리더십의 큰 덕목이다. 사역 개척 시 부닥치는 어떤 스트레스에도 굴하지 않는 용기를 가져야 한다. 새로운 도전을 만들며 영적 싸움을 할 때 꼭 필요한 것이 용기다. 또한 리더는 주위에서 비난과 불평을 듣는다고 해서 두려워해서는 안 된다. 잘못한 것이 있으면 질책을 겸허히 받아들여야 하지만, 독특하거나 다르다는 이유로 위축될 필요는 없다. 더욱이 팀원이나 현지인이 적절치 못한 비판이나 부당한 대우를 받을 때 적극적으로 나서서 그들을 보호해야 한다. 충돌을 두려워해서는 안 된다. 밖에서 불어오는 바람을 온몸으로 막아서는 리더를 존경하지 않을 팀원은 없다.

자신이 하는 일에 확신을 가져라

선교사의 길은 외롭고 고독하다. 그리고 현장의 일은 선교사가 제일 잘 안다. 이런 점이 가끔 선교사를 독단에 빠지게도 하지만, 중요한 일 앞에서는 현장에 대해 가장 많이 아는 선교사가 뜻을 굽히지 않고 그 길을 계속 가야 할 때가 있다.

알바니아 대학병원의 호흡기내과에서 일할 때였다. 당시 의료 프로젝트의 일환으로 의료센터 세우는 일을 준비하고 있었다. 그러나 현지의 의료 상황과 필요를 제대로 판단하기 어려운데다가 기본적으로 프로젝트성 사역을 싫어하는 본부의 성격과 맞물려 일이 더 이상 진행되지 않았다. 1년이 넘도록 팩스로 공방과 설득이 오갔다. 그 과정에서 소모되는 시간과 재정, 에너지는 엄청났다. '과연 잘하는 일일까' 하며 나 자신이 흔들리는 순간이 가장 견디기 힘들었다. 하지만 처음의 확신을 버리지 않았기에 그 과정을 견딜 수 있었다.

확신이 고집과 아집을 뜻하지는 않는다. 확신은 연구와 정보에 기초한 반면에 고집과 아집은 감정에서 비롯된다. 자신이 확신하는 일이라 할지라도 인간관계, 내규, 의사결정 앞에서 유연함을 갖는 것도 확신을 가진 사람이 보여줄 수 있는 또 다른 성숙한 리더십이다.

제도화의 리더십

사역을 시스템화하라

사역을 안정적으로 지속하려면 시스템화한 후 계속 갱신해 가야 한다. 그러나 시스템화는 사역에서 반드시 우선되는 요소가 아니므로 사역을 시작한 후 만들어 가는 것이 맞다. 예수님은 많은 제자들을 가르치셨으나 '신학교'를 세우지 않으셨고, 아픈 이들을 치료하셨으나 '병원'을 만들지 않으셨다. 그렇다고 해서 시스템화된 사역을 반대하셨다고 해석할 수 있을까? 사도행전에서는 교회가 시작되면서 사역이 시스템을 갖추게 된 것을 볼 수 있다.

과정을 중요시하라

현장에서 사역하면서 답답하고 어려웠던 일 중 하나는 과정을 균형 있게, 정확하게, 투명하게 처리하는 것이었다. 과정이 애매하고 투명하지 않은 경우 기대와 예상과는 달리 결론이 엉뚱하게 나오는 일이 종종 있다. 열린 대화, 성급한 결정을 피함, 많은 정보를 통해 객관성을 유지하려는 노력, 잘못된 과정이 후에 발견될 때에 속히 인정하고 그 부분을 찾아냄, 한 개가 아닌 여러 개의 좋은 결론이 나올 수 있는 가능성을 열어 둠, 의견이 다른 이들을 수용함, 비판에 대한 용납과 겸손한 자세 등이 좋은 리더십이다.

사역을 눈에 보이는 기록으로 정리하라

과정도 중요하지만 선교사와 팀은 사역의 결과를 반드시 만들어 내야 한다. 그것은 가능한 한 최선의 아름다운 열매들로 주님께 영광이 되고 후원자들에게 기쁨이 되어야 한다. 결과를 눈에 보이도록 만들기 위해서는 그동안 해온 사역을 잘 정리해야 한다. 사실 선교사들이 매일 정리할 일이 한두 가지가 아니다. 컴퓨터, 문서들, 사진들, 교회 일과 프로그램 전후에 사용한 물품들, 성경공부 자료들, 현지인과 관련된 것들로 인해 선교사의 집과 사무실, 교회가 무질서해질 수 있으므로 평소에 미리 정리하라. 매일 쓰는 일기, 모든 행사와 모임과 회의 기록, 방문자와 후원자들에 대한 정보와 기록들, 현지의 변화에 대한 기록들을 계속 남기는 것이다. 이런 정리는 앞으로의 사역에 길잡이가 되어 줄 것이다.

설명하고 설득하라

모든 것을 이론으로 설명할 수는 없다. 때로는 영적인 해석과 직관이 필요하다. 그러나 선교사는 자신이 하는 일들을 최선을 다해 이론적으로 설명할 수 있어야 한다. 선교사가 지녀야 할 중요한 달란트 중 하나는 상대를 설득하는 능력이다. 전도, 대화, 토의, 교회와 후원자 관계와 많은 영역에서 시간과 에너지를 들여 상대를 설득해야 한다.

한 신임 선교사는 성격이 매우 직선적이었다. 이해되지 않은 일이 있으면 답을 들을 때까지 팀장에게 매일 같은 이메일을 보냈다. 사실 이런 사람들은 정의감이 넘치기는 하지만 태도 면에서 아쉬운 점이 있다. 그럼에도 팀장은 참을성 있게 신임 선교사를 대하며 성실하게 답신을 보냈다. 다행히 신임 선교사는 선교지에 점점 정착하면서 매일을 보내는 횟수가 줄어들었다. 설명과 설득의 과정에서 중요한 것은, 모든 것을 다 말로 설명하고 이해시킬 수 없더라도 그렇게 하고자 노력해야 한다는 것이다. 그런 모습에서 신뢰가 싹튼다.

팀 구성, 이렇게 한다

선교부에서 구성하는 방법

전략적으로 다양한 배경과 전문성을 가진 선교사들을 팀으로 구성해 현장에 파송하는 방법이다. 쉽게 팀을 구성할 수 있고 전략적이며 시간과 에너지가 절약된다는 장점이 있다. 회원 선교사들이 기관의 방침을 신뢰하며 따르는 지역에서 성공할 가능성이 높은 모델이다. 그러나 때론 선교사들이 서로를 잘 알지 못하고 낙하산같이 투입되어 현장에서 만나면 불협화음이 생긴다. 리더십을 갖추지 못한 팀장이 오는 경우에도 곤란한 상황이 생길 수 있다. 선교부는 언제든 새로운 팀장을 선임하여 현장에 보낼 수도 있는데, 이 경우 기존의 팀장이 팀 안에서 자기 자리를 찾지 못하거나 관계에서 심한 스트레스를 받을 수 있다.

선임이 동원하여 구성하는 방법

선임 선교사가 개별적으로 개인이나 그룹을 동원하여 선교사로 데려오는 경우다. 선임과의 개인적인 만남과 교제를 통해 관계가 형성되기 때문에 비교적 갈등을 덜 일으킨다. 선임의 리더십이 성숙하고 열려 있으며 사람에 대해 헌신적인 경우, 팀이 매우 균형 있게 성장하여 다양한 사역들을 만들어 갈 수 있다. 그러나 선임의 리더십이 미성숙할 경우 문제가 많이 일어난다. 선임 선교사와 직접 관련을 맺고 있는 후임 선교사는 그에게 반대하는 의견을 내기가 쉽지 않기 때문이다. 그래서 겉은 그럴듯한 구조를 갖추었으나 속으로는 잠재적 갈등을 품은 이중적 형태를 띨 수 있다.

혼합형 구성

초기에는 선교부에서 구성했으나 후에는 현장의 팀이 스스로 동원하여 구성하는 방법이다.

연합에 의한 구성

다른 단체나 개인 선교사와의 동의나 양해각서에 따라 특정 분야에서 사역하기 위해 연합하는 형태다. 상호동의하는 내용과 공정성과 균형이 필요한 사항에 대해 합의한 후 계약서를 작성하여 사역하면 그 분야에서 상당한 시너지를 만들 수 있어 적극적으로 추천하고 싶다. 세계복음화를 이루기 위해서는 자기가 속한 단체를 넘어 다양한 형태로 팀 사역이 이루어지는 것이 좋다. 사역 도중에 큰 문제가 생긴 경우에는 계약 종료를 통해 사역을 정리할 수도 있다. 다만 이런 관계는 사전에 원래 소속된 단체나 파송 교회에 이해와 협력을 구해 놓아야 소속과 관련해 생길 수 있는 불필요한 오해를 피할 수 있다.

어떤 방법으로 팀을 구성하든 각기 장단점이 있다. 잊지 말 것은 우리가 팀으로 사역하려는 이유가 단독 사역으로 이룰 수 없는 분야에 도전해 선교의 목적을 성취하기 위함이라는 것이다.

팀 구성 시 준비할 것들

사전 준비

팀을 구성하기 전에 팀에 대한 이해, 팀장과 팀원의 역할과 위치에 대한 이해, 사명 선언문과 비전 선언문 작성, 내규 준비, 팀에 필요한 일들에 대한 공감과 동의 등을 계약서 형식으로 문서화해 둘 필요가 있다. 이 모든 과정은 구성원들이 함께 기도하는 가운데 결정한다.

선교 현장에서 이런 일은 반드시 필요하다. 팀의 모든 선교사들은 정확한 내용을 담은 계약서를 만들고, 이에 진심으로 동의할 때 서명함으로써 팀 사역을 시작해야 한다. 계약 당사자의 이름, 날짜, 팀 이름, 내규에 대한 동의, 기간(1년마다 아니면 2년마다 새로운 계약 갱신을 하는 것이 좋다), 팀 운영의 기본 원칙, 사역 내용, 각 사람의 역할과 재정 형성, 운영 및 보고와 감사에 관한 내용 등을 계약서에 담는다.

계약서 (내규)

(총칙) 본 팀은 ○○○ 선교부 산하 소속 ○○○ 지역의 팀으로 아래와 같이 동의한다.

(명명) 본 팀은 ○○○○년 ○○월 ○○일에 시작하여 오늘에 이르게 되었으며 ○○○ 팀으로 명명하며 영문명은 ○○○○이다.

(계약서 또는 내규) 본 팀은 ○○○ 선교부의 정관과 각종 내규에 서명함으로써 동의하고 이를 지키며, 현지의 필요에 따라 내규를 만들 수 있는데, 내규가 이 계약서를 대신할 수 있다.

(가입과 탈퇴) 팀의 가입과 탈퇴는 구두 또는 서면으로 하되 가입은 전 팀원이 만장일치로 동의해야 하며 탈퇴는 각 팀원이 자유롭게 결정한다.

(선언문) 본 팀은 선교부의 사명 선언문과 비전 선언문을 숙지하며 선교지에 맞게 추가된 사명 선언문과 비전 선언문의 방향으로 사역한다.

(회의) 본 팀은 매년 정기총회를 ○○월에 개최하며 당해 회원 점명, 전회의록 낭독, 사역 경과 보고, 재정 보고 및 결산, 내규 및 계약서 수정, 팀장과 임원 선출 및 기타 안건을 토의하며 다음 해 사역과 재정 계획을 수립한다. 정기총회 외에 회원의 요청에 의하여 수시로 임시 총회를 할 수 있으며 기타 사역 회의를 개최할 수 있다. 회의는 팀장이 주재하고, 모든 회의는 만장일치로 통과되며, 회의에는 장소를 넘어 모든 팀원들이 출석, 카톡, 이메일 및 기타 통신수단으로 참석하여 의사를 전달하고 사안을 결정한다.

(선출) 팀 안에는 필요에 따라 팀장과 여러 역할을 둘 수 있으며 전문성과 경험을 근거로 추천하여 만장일치로 선출한다. 임기는 계약 또는 내규의 기간으로 한다.

(사역) 각자의 전문성과 경험에 따라 사역을 분할하거나 여러 명이 사역팀(Ministry team)을 만들어 일할 수 있다. 사역에 관한 결정은 스스로 하되 본인이 원하면 팀장 및 팀과 상의하여 결정할 수 있다.

(열매) 모든 사역의 열매는 팀의 공동 열매이며, 각 팀원은 이를 선교 편지에 기록할 수 있으나 주 사역자가 누구인지 밝혀야 한다.

(운영) 본 팀 운영의 기본 원칙은 자율로서 다른 팀원의 사생활을 침해하지 않으며 상호 존중을 병행해야 한다.

(비밀 유지) 본 팀원들은 팀 내에 허락된 범위를 넘어서는 개인의 인적 정보와 팀 내의 관련 사항들을 외부에 전달하거나 노출해서는 안 된다.

(출타) 안식년, 병가, 자녀 학업과 기타 이유로 선교지를 떠날 시 사역은 지명받은 팀원이 이어받아 계속 할 수 있다. 이때 두 당사자는 서면으로 관련 내용을 담은 계약서를 작성하고 이에 서명해야 한다.

(재정) 정기총회에서 결정된 사항에 따라 팀을 운영하기 위해 각 선교사는 회비와 운영비와 사역비를 지출할 수 있고, 이를 팀장과 재정 담당이 관리하고 총회에 보고한다. 프로젝트 추진 시 재정은 주 사역자가 모금하되 회의에서 결정한 바에 따라 다른 팀원들이 모금에 참여할 수 있다. 팀원은 수시로 재정 관리에 대해 문의할 수 있다. 회원이 탈퇴할 때에는 남은 재정 중 해당하는 재정을 돌려주고, 프로젝트에 투입된 재정은 관련된 당사자들 사이에서 조정한다.

(외부 관계) 본 팀은 사역을 위해 다른 팀 또는 다른 단체와 협력 관계를 맺을 수 있다. 이는 전체 팀 또는 사역팀 별로 할 수 있으며 각 팀원들의 만장일치로 결정한다.

(갈등 조정) 관계와 사역으로 인한 갈등과 분쟁 발생 시 팀 내에서 조정하되 해결하지 못할 경우 선교본부와 기타 전문가의 도움을 받는다.

(문서) 외부에 글을 쓰거나 방송을 하는 경우 되도록 팀원의 이름은 공개하지 않는다. 출판하는 경우 이름의 일부를 생략하는 것을 원칙으로 하되 팀과 팀원의 허락을 받은 경우는 사용할 수 있다.

(해산) 본 팀은 만장일치로 팀을 해산할 수 있으며, 이때 가진 재산은 협의에 따라 분할한다.

(갱신) 본 계약 또는 내규는 매년 갱신하되 특별한 이의가 없으면 자동 갱신되며 갱신될 때에 다시 읽고 동의하며 서명한다.

○○○○년 ○○월 ○○일

서명

어떤 사람은 이렇게까지 항목을 만들어 계약서를 써야 하는가 의문을 던지겠지만, 팀을 안정적으로 건강하게 유지하면서 하나님의 역사를 만들어 영광을 돌리고자 한다면, 대충하려는 생각을 버리고 처음부터 철저히 한 단계식 밟아 나가는 것이 좋다.

앞에서 살펴본 계약서에서는 팀원이 자유롭게 탈퇴할 수 있는 것으로 제안했지만 팀 사역은 물리적 반응을 넘어 화학적 반응이 이루어져야 하는 일이다. 물리적 반응은 소금물과 같아서 물이 마르면 다시 소금으로 돌아가는 가역성을 띤다. 반면에 화학적 반응은 포도주가 되는 것과 같이 돌이킬 수 없는 비가역적 반응이다. 선교사들은 팀 사역을 할 때 뒤로 돌아갈 길을 아예 접고 시작하는 것이 좋다. 힘들거나 어려우면 언제든 돌아갈 것이라는 생각을 가슴 한켠에 두는 것은 물리적 반응을 하겠다는 의미다.

정기 모임과 대화

좋은 팀으로서 계속 성숙해 가기 위해서는 정기적인 모임과 대화를 나누어야 한다. 회의는 필요하지만 반드시 해야 하는 것은 아니다. 회의에 치중하다 보면 형식에 빠져 절차와 과정에서 갈등이 생길 수 있다. 오히려 교제하는 가운데 열린 마음과 낮은 자세로 서로의 의견을 주고받으며 칭찬할 것은 칭찬하고 고칠 것은 고쳐 나가는 방식이 좋다.

매뉴얼 만들기

어떤 기계를 사용하기 전에 그에 맞는 매뉴얼을 찾아 숙지해야 한다. 매뉴얼 없이 기계를 작동시키면 불필요한 행동으로 고장을 일으킬 수 있고, 어떤 문제가 생겨도 대처할 길이 없다.

신명기를 읽으면서 감동을 받는 대목 중 하나가, 하나님이 앞으로 시작될 이스라엘의 정착 과정에서 일어날 수 있는 일들을 예견하고 실제적인 매뉴얼을 설명해 주신다는 점이다. 잘되는 회사나 조직을 보면 구성원들이 실제 상황에서 어떻게 행동해야 하는지 구체적인 내용을 담은 행동 지침서가 있다. 더하여 과거에 일어났던 일들을 사례로 모아 공부하고 숙지하게 함으로써 실수와 잘못을 최소화한다. 매뉴얼이 있으면 불필요한 곳에 에너지를 사용하지 않고 정말 필요한 일들을 집중해서 적절하게 수행할 수 있다.

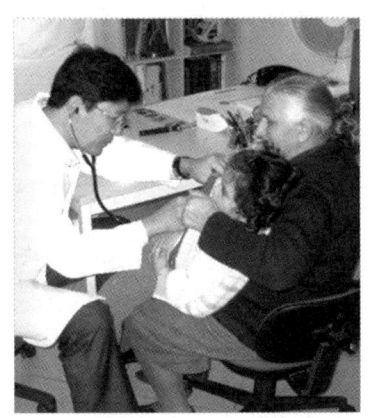

샬롬 클리닉에서 어린이 진료 (2010년)

입만 열면 돈 이야기를 하는 선교사가 있다.
다른 선교사의 일을 길게 늘어놓는 이도 있다.
팀의 어려운 점과 갈등만 드러내는 이도 있다.
남의 집 자녀교육에 이러쿵저러쿵 말이 많은 이도 있다.
현지인들의 그릇된 태도를 꼬집기만 하는 이도 있다.
기억하자! 선교사의 말은 곧 그의 생각과 인격을 반영한다는 것을.

4. 팀 사역 어떻게 운영하는가?

팀 사역의 기본 원리

그동안 선교지에서 경험한 바에 따라 공동 사역과 공동 열매의 원리, 공동 재정의 원리, 만장일치의 원리, 수평적 리더십의 원리를 제안한다.

공동 사역과 공동 열매의 원리

우리 모두 주님의 제자이자 선교사로서 모든 사역과 열매가 주님의 것이라는 데 이의가 없다. 그러나 선교 현장에서는 사역을 해서 거둔 결실을 실제로 분배하는 일이 필요하다. 선교사들은 팀 안에서 어떤 역할을 하든지 팀의 이름으로 공동 사역을 한다. 그 열매도 공동의 열매라는 점을 서로 인정하고 합의해야 한다. 예를 들어, 넓은 논의 한

부분에서 일하는 농부와 다른 부분에서 일하는 농부가 비록 심고 거둔 양이 다르더라도 공동 사역을 했다면 그 열매를 공동으로 가져야 한다. 같은 밭에서 일했는데 각각 오이와 배추같이 다른 농산물을 거두었더라도 공동 사역과 공동 열매의 원리에 따라 똑같이 나누어 가져가야 한다. 실제로 공동 분배가 되려면 각 선교사들이 자신이 직접 관여하지 않은 팀 사역과 열매도 자신의 선교 편지에 기록하는 것을 서로 인정해야 한다. 그러고 싶지 않다면, 계약할 때 이 부분에 대해 오랜 대화와 토의를 나눈 후 어떻게 할지 결정해야 한다.

앞에서 팀 사역의 모델로 들었던 삼형제 이야기를 다시 떠올려보자. 삼형제는 공주를 구하고 난 뒤에 오히려 그들의 우애에 위기를 맞이할 수 있었다. 공주를 살려야 한다는 하나의 목적을 이루기 위해 의기투합한 형제들에게 갈등이 생길 일은 별로 없었다. 하지만 목적을 이루고 나서 형제들은 저마다 알게 모르게 기대했던 바가 있었을 것이다. 예를 들어 세 형제 모두 공주와의 결혼을 기대했는지 모른다. 첫째는 자신이 장남이니 둘째와 셋째가 당연히 양보할 것이라고 기대했는지도 모른다. 다른 형제는 만약 우리 중에 한 명이 결혼하면 다른 둘은 재물과 지위로 충분히 보상받아야 한다고 생각했을 수 있다.

그런데 수고한 대가가 기대에 미치지 못했을 때, 또는 기대했던 것과 다를 때 실망하거나 심지어 분노하게 되는 것이 사람의 마음이다. 그럴 때 성숙한 팀이라면 연수나 나이, 배경, 경력에 얽매이지 않고 합리적이고 이성적으로 기준을 세우고 합의점을 찾아갈 것이다. 첫째와 둘째가 막내에게 공주와 결혼할 기회를 양보했듯이, 기여도가 가장 높은 동료 선교사의 업적을 인정하고 함께 축하할 수 있어야 한다. 그러한 기쁨이 넘쳐 자신의 공을 내세우고 싶은 연약한 인간 본성의 계산법을 삼켜 버릴 때, 선교 현장은 갈등의 장소가 아니라 이 땅에서 천국을 경험하는 자리가 될 것이다.

공동 재정의 원리

재정도 공동으로 관리하고 사용하는 것이 좋다. 팀 사역에 필요한 공동 재정을 사람 수대로 나누어 내게 하는 것이다. 예를 들어 1,500달러가 필요한데 팀원이 다섯 명이라면 부부 선교사이든 독신 선교사이든 한 사람당 300달러씩 내도록 한다(이럴 때 부부는 각각의 수대로 세어 두 명으로 친다). 팀이 공동으로 차를 구입했다면 그 후 차 사용과 관련해 어떻게 재정을 분담할지 논의해야 한다. 사용한 거리만큼 각 선교사가 연료비를 지불하게 하는 등 몇 가지 규칙을 정하는 것이 좋다.

현재 대부분 한국 선교사들의 사역비는 선교사 자신이 직접 모금하는 경우가 많다. 이후에 선교단체나 개인을 통해 선교비를 후원받는다. 사실 개인이 모금한 재정을 개인이 자유롭게 사용하는 구조에서는 팀 사역을 하기가 어려운 부분이 있다. 저마다 모금하는 선교비가 다를 텐데, 공동 기금을 마련할 때 모두가 일률적으로 같은 금액을

낼지, 동일한 비율을 적용할지 정하기가 애매하기 때문이다. 특히 어느 선교사가 선교비를 얼마나 받는지 어떻게 사용하는지 투명하지 못한 구조에서는 더욱 그러하다.

오엠국제선교회 같은 대표적 서구단체들이 팀 사역을 정착시키게 된 것은 이러한 재정 구조가 뒷받침했기 때문이라고 본다. 이른바 풀링시스템(Pooling System)이다. 이는 들어오는 모든 후원금을 공동으로 (팀으로) 관리하는 시스템으로서 팀원들이 생활비, 사역비 등 모든 경비를 함께 관리하고 지출하며, 일정한 용돈을 받는다. 이 방식은 각 사람에 대해 선교비가 정해져 있기 때문에 선교사들이 재정에 대해 자유로울 수 있고, 선교비를 투명하게 사용하며, 선교비에 대한 지나친 욕심이나 경쟁을 방지할 수 있기 때문에 연합 사역에 적합하다고 하겠다("팀 사역의 반성과 제안", 전철영, 2010세계선교전략회의[NCOWEV] 분야별 전략회의 자료).

선교사 갈등 부분에서 다루겠지만 재정 문제는 팀을 와해시키고 신뢰를 깨뜨리는 무서운 요소다. 공동 재정만이 아니라 다른 일반 재정에서도 정직과 정확함이 필요하다.

만장일치의 원리 - 전원합의제

팀 회의에서 어떤 사안을 결정할 때는 다수결보다 만장일치로 하기를 제안한다. 다수결이 좋은 제도이기는 하지만, 팀원이 많지 않은 상황에서는 의견을 가르고 마음도 분리시킬 수 있다. 특히 소수 의견이나 반대 의견을 무시하고 무조건 따르기를 강요하는 분위기에서는 더욱 그러하다. 이는 후에 팀이 분리되는 원인이 된다.

그런데 만장일치가 가능할까? 역설적으로 들리겠지만, 회의를 하지 않으면 된다. 처음 팀을 만들면서 역할을 분담할 때 그 역할을 맡은 선교사에게 51퍼센트의 지분을 주고, 다른 선교사들이 모두 합쳐 49퍼센트의 지분을 갖는 것이다. 그래서 어떤 사안에서 51퍼센트의 지분을 가진 선교사가 책임감 있게 사역의 방향과 내용을 결정하여 진행하도록 한다. 그러자면 그 일을 맡은 선교사를 성령이 인도하신다는 믿음과 서로에 대한 신뢰가 반드시 있어야 한다.

회의는 51퍼센트의 지분을 가진 선교사가 필요하다고 판단할 때 제안한다. 이때 반드시 만장일치가 나와야 한다. 결과가 4대 1, 6대 2가 나왔다면, 의견이 다른 나머지 한 명 또는 두 명을 설득하여 만장일치를 이루어야 한다.

그러나 그들이 설득되지 않고 계속 반대하면 어떻게 해야 할까? 우리 팀의 경우에는 이렇게 해석했다. "이 일을 하는 것이 하나님의 뜻이지만 지금 하는 것은 아닐 수 있다." 그래서 결정을 연기했다. 나중에 다수가 옳았는지, 소수가 옳았는지 판가름 날 것이다. 다수가 옳았던 것으로 판명된 경우, 소수는 자신의 의견을 존중해 준 팀에게 무한한 신뢰를 갖게 된다. 이것은 사역이 지연된 것을 상쇄하고도 남을 큰 소득이다. 반대로 소수가 옳은 것으로 판명된 경우, 다수는 당시에 반대를 한 소수에게 크게 감사하게 될 것이다.

수평적 리더십의 원리

리더십에는 수직적 리더십과 수평적 리더십이 있다. 수직적 리더십은 선임 주도형이다. 회의에서 모두가 합의하고 결정한 일이라 하더라도 수동적으로 따라가거나 지시를 받고 일하는 수직적인 틀을 유지한다. 선교지 정착 과정에서 여러모로 도움을 받은 선임 선교사에게 '아니요'라고 말하기란 쉽지 않다. 회의를 할 때도 조용히 있거나 일반적 의견을 내는 것말고는 선임의 제안을 거부하기도 쉽지 않다.

한편, 수평적 리더십은 팀 구성원들이 모두 같은 줄에 서는 것을 의미한다. 누구도 먼저 출발하지 않는다. 팀 사역을 하려면 이전에 해온 자신의 일은 내려놓고 모두가 같은 선 앞에 서야 한다. 진정한 리더십은 다른 선교사들이 사역을 잘할 수 있도록 옆에서 응원을 보내고 지원하는 것이다. 팀장이라 하더라도 특정한 역할을 맡은 사람의 권한을 인정하고 공식적으로 존중하는 모습을 보이며 자신은 한 걸음 물러설 줄 아는 것은 수평적 리더십에서 가능한 일이다.

팀 운영의 실제

팀 운영에서 중요한 것은 그 책임이 팀장에게만 있지 않고 팀원들 모두에게 있다는 것이다. 다만 각자 맡은 역할이 다를 뿐이다.

사역

정확한 분석과 배치

각 선교사에게 특정 사역을 맡기고 역할을 배치할 때는 그가 가지고 있는 자격증이나 전문성만으로 쉽게 판단하지 말고, 그밖에 많은 요소를 고려하고 분석해서 결정해야 한다. 또한 모두의 동의가 필요하다. 겉으로 보이는 경력과 이력은 빙산의 일각일 수 있기 때문이다. 그러므로 각 선교사들에 대한 판단을 쉽게 빨리 내리기보다는 일정 시간 동안 지켜보고, 주변의 의견을 들어보며, 기질이나 성향 분석 프로그램을 통해 서로에 대해 충분히 안 다음, 다른 선교사들이 동의할 때 정리하는 것이 맞다. 이후로도 계속 대화함으로써 상대에 대해 더 많이 알 수 있도록 노력해야 한다.

팀 간의 의사결정 및 소통

팀 운영은 많은 사역을 잘 정리하여 적재적소에 사람과 자원을 사용하는 것이다. 중복과 복잡함을 피하고 사역자들이 가벼운 마음으로 행복하게 사역할 수 있도록 모두가 동의하는 방식으로 움직여야 한다. 다만 팀 안에서 다시 사역이 나뉘는 경우 해당 소그룹 구성원끼리 결정하여 사역을 운영한다. 그런 경우에라도 소그룹 사이에 직접 대화, 서면 등 여러 방법으로 어느 정도는 정보와 운영 현황을 알고 있어야 한다.

사역 전략 연구와 나눔

전략이 없는 사역은 무모하며 허공을 치는 것과 같다. 팀의 사역은 사역을 실행하기 전에 전략을 충분히 세워서 문서로 만들어 놓아야 한다. 교회 사역, 제자 사역, 의료 사역, 대학생 사역, 전도 사역, 새로운 개척 사역, 어린이 사역 같은 일들을 사역 전에 전략화하고, 사역 후에는 평가를 통해 잘 실천된 점과 부진한 점들을 모아 다음 사역에 반영한다.

교제

팀 사역을 할 때 빼놓을 수 없는 것 중 하나가 구성원들이 자주 만나 열린 대화를 하는 것이다. 서로 간에 사소한 것을 챙기고 더불어 먹고 즐거워하는 교제를 나누는 것이다. 교제가 깊어질수록 팀은 견고한 기초를 갖게 된다. 사역이 많지 않을 때는 교제에 우선순위를 두는 것이 좋다. 사역이 많아지고 세분화되면서 선교사의 이동이 잦아지면 아무래도 교제가 소원해지기 때문이다. 그러면 떨어진 거리만큼 서로 간에 불평과 오해 같은 문제가 생길 수 있다.

기도회

교제가 비공식적인 면이라면 기도회는 팀원들을 하나로 묶어 주는 중요한 공식 모임이다. 팀원들이 더불어 사는 곳에서는 새벽기도회나 아침기도회를 할 수 있다. 그렇지 않다면 주중 기도회를 갖는다. 새벽기도회는 특별히 자녀가 있는 부부들에게 쉽지 않지만 아침기도회는 가능할 것이다. 자녀들의 등교가 있으므로 6시 반에서 7시쯤이 적당하겠다. 30-40분 정도 모임을 한 후 개인기도 시간을 갖는다. 자녀가 아직 어린 경우 부부 중 한 사람이라도 참석하도록 한다. 집이 아주 멀리 떨어져 있어 아침마다 기도회를 갖지 못하는 경우에는 주중 기도회를 통해서라도 짧지만 깊게 기도회를 갖는다.

회의

정기회의 날짜를 정해 모이기도 하고, 팀장과 팀원의 요청에 따라 필요시 회의하거나 행사를 앞두고 모일 수 있다. 회의 시 구성원들에게 안건을 미리 알려 가능한 한 모든 내용을 상세히 토론할 수 있도록 준비하는 것이 좋다. 회의 내용은 기록으로 남겨서 다시 확인한다. 리더가 일방적으로 지시하거나 한 팀원의 발언이 너무 튄다거나 반대로 무시되지 않도록 배려한다. 회의가 쓸데없이 길어지지 않도록 시간을 정해 놓고 할 수도 있다. 감정에 치우친 대립을 피하고, 회의가 하나의 교제 자리가 되도록 분위기를 이끈다.

재정

팀 사역을 하다 보면 아무래도 재정 규모가 커지고 세분화된다. 재정을 맡아 관리하는 것 자체가 큰일이다. 시간과 에너지를 들이는 데 부담이 적지 않다. 누군가는 헌신해야 하는 일이지만 자신이 본래 하고 있는 사역에 그만큼 소홀해질 수 있기 때문이다. 현실적으로 재정 관리는 부인 선교사들이 맡는 경우가 많다. 그러나 이마저도 업무량이 많아지면 남편 선교사의 사역을 돕는 데 제한을 받고, 자녀교육에도 영향을 받으며, 사역 만족도가 떨어지는 일이 일어날 수 있다. 이런 점들을 고려하여 되도록 여러 선교사가 시간제 형식으로 재정 관리를 맡는 것이 좋다. 가능하다면 1-2년마다 순환제 형태로 재정 관리를 맡아 모두가 팀 재정에 대해 배울 수 있는 기회를 가져보자.

휴가와 휴식

팀은 1년에 수차례 휴식과 휴가를 누릴 필요가 있다. 먼저는 선교사들이 개인적으로 휴가를 갖도록 최대한 배려해야 한다. 1년에 한두 차례는 전체 팀이 함께 휴가를 가는 것도 좋은 생각이다.

작은 실천이 팀을 윤기 있게 만든다

좋은 식사: 선교지는 참으로 스트레스가 많은 곳이다. 그로 인한 짜증을 가족에게 풀기도 하여 가족이 받는 스트레스도 만만치 않다. 그렇다면 주일 오후 주변의 식당에 가서 푸짐한 식사를 하고 대화하는 가운데 재충전하는 시간을 가져보자.

칭찬: 팀원의 제안이나 어떤 식의 도움이든 칭찬을 아끼지 말라. 돌아보면 그것은 맞고 틀림을 떠나 거의 모든 상황에서 좋은 결과를 가져왔다. 잘한 것은 당연한 것이고 못한 것은 나무라는 분위기보다는 작은 일도 인정하고 칭찬하는 분위기가 팀의 사기를 높인다.

간섭하지 않음: 후임 선교사가 정착할 때 선임 선교사가 개입하여 도움을 줄 수 있으나, 일단 책임을 맡아 사역을 시작하면 간섭하지 않는 것이 가장 좋다. 혹 실수하고 실패하더라도 그것을 통해 배우고 성령을 의지하며 믿음이 자랄 것이다.

사생활 존중: 약속 없는 가정 방문 자제하기, 개인 시간 사용에 대해 지적하지 않기, 자녀 교육에 참견하지 않기 등이 이에 해당한다. 개인적으로는 이 부분이 정말 중요하다고 생각한다. 사생활을 존중받는 선교사는 팀에서 다른 부분도 존중하는 법을 배운다. 혹시 객관적으로 조정받아야 하는 사생활일지라도 되도록 간섭을 절제하고 상대가 자연스레 팀의 전체 분위기를 따라오도록 유도한다.

비밀 유지: 팀 구성 방법에 따라 차이는 있지만 각 선교사의 개인 신상과 사적인 일들, 둘의 대화 그리고 자녀들에 관한 이야기 등은 비밀을 철저히 지켜야 한다. 이는 신뢰의 기본이다.

쉬지 않는 배려와 지원: 팀 사역에는 끈끈한 정이 동반되어야 한다. 그래서 선후배, 같은 교회나 같은 단체 출신 및 같은 배경 같은 공통점이 있는 경우 팀 구성에 유리하다. 일상의 작은 일들, 식사 대접, 선물, 자녀 등 관계 형성에 도움이 되는 일에 신경 써야 한다.

좋은 정보와 자료 공유: 자신이 가진 귀한 것들을 풍성하게 나눌 때 다른 팀원들에게 진심이 전달되는 법이다. 사역하면서 공부하면서 그리고 다른 사람들로부터 얻게 된 좋은 것들을 나누도록 노력한다.

팀 사역의 관리

팀 사역 관리는 결국 사람 관리와 조직 관리로 귀결된다.

사람 관리

선교에서 제일 중요한 것은 사람, 곧 선교사의 역량이다. 선교사 한 사람으로 인해 선교가 부흥하기도 하고 후퇴하기도 한다. 구약의 요나로 인해 다시스로 가는 배에 탄 모든 사람이 위험에 빠졌는가 하면, 신약의 바울로 인해 로마로 가는 배에 탄 모두가 구원을 얻은 예도 있다. 이토록 중요한 선교사라는 자원을 어떻게 관리해야 하는가? 이것은 선교 사역을 좌우한다. 그래서 멤버십 케어(membership care)는 모든 선교단체의 제일 중요한 주제 중 하나다. 나는 지금 어떻게 관리받고 있는가 한번 돌아보자.

사역에서 모든 선교사가 주도적으로 자기 사역을 만들고 싶어 한다. 이런 분위기 속에서 보조 선교사 또는 협력 선교사로 남아 있기란 쉽지 않다. 선교 사역을 여러 분야로 나누어 각 선교사에게 PD(Program Director)라는 역할과 권한을 주는 것이 사역으로 인한 팀 갈등을 예방하는 좋은 방법이다. 예를 들어 어린이 사역 디렉터, 청소년 사역 디렉터, 장년 사역 디렉터, 행정 디렉터로 분리하여 모든 권한과 역할을 부여하고 간섭해서는 안 된다.

선교지에 도착한 신임 선교사는 지정된 선임 선교사 한 사람이 섬기는 것이 좋다. 많은 선임 선교사가 찾아가 지도하면 걸러지지 않고 객관성이 결여된 정보가 전달될 수 있고, 이는 후에 실수와 혼란으로 이어진다.

신임 선교사의 배치도 아주 예민한 문제다. 1-2년 동안 현지 문화에 적응하고 언어 공부가 어느 정도 이루어진 후 배치하는 방법과 일단 배치한 후 사역하는 가운데 차츰 언어를 습득하고 적응해 가도록 하는 방법이 있다. 일장일단이 있으나 한국 선교사의 경우는 배치를 먼저 결정하는 것이 좋다고 본다. 가정은 자녀 교육을, 독신은 안전과 사역을 중심으로 결정하는 경향이 있다. 자녀가 취학 전 연령의 가정이라면 일차적으로 지방 사역에 배치되도록 격려한다.

일부 선임 선교사들은 후임 선교사의 의견을 무시하는 경향이 있다. 모임에서 후임들의 부족한 면과 약점을 대놓고 비판하는 경우도 적지 않다. 그러나 언젠가 선임들의 의견이 무시되는 날이 속히 온다는 사실을 알아야 한다. 후임을 자기 관리 아래에 두려는 시도는 성공하기 어렵다. 좋은 리더라면 후임이 목표를 향해 일하도록 할 것이다. 각 선교사가 자신의 목표를 이루는 동시에 팀의 목표도 이룬다면 최고의 팀이 되지 않겠는가.

솔직히 선임 선교사의 경험을 그대로 후임 선교사들에게 적용하는 것은 옳지 않으며 실정에 맞지도 않다. 그것은 선임이 입었던 옷을 그대로 입으라고 하는 것과 같다. 여러 선임들이 다양하게 경험한 일들을 기록한 자료와 책자를 전달해 주는 편이 더 효과적이다.

팀의 오리엔테이션은 후임들만을 위한 것이 아니다. 선임들도 다시 교육을 받아야 한다. 교육은 반드시 있어야 하고 필요하다면 반복해야 한다. 여기에는 선교회 규정, 선교회의 목표와 방향과 철학, 현지의 팀 구성 및 제도와 운영, 팀 역학 및 협력, 신임 선교사에게 맞는 사역 제시 및 연구, 현지 문화에 대한 이해가 포함된다. 선교사는 언제라도 오리엔테이션 강사로 나서도 될 만큼 위의 내용들을 숙지하고 있어야 한다.

같은 팀 선교사들과 동역할 때는 상대에게 최고의 것을 주려고 노력해야 한다. 그러면 최고의 보상을 받게 된다. 모 선교사는 후임 선교사가 재정이 꼭 필요한 시기에 몇 백만 원을 헌금했다. 그 후 도움을 받은 선교사는 자신이 어려울 때 도움을 준 그 선교사와 내내 좋은 동역을 이루었다. 마음을 얻는 것이 최고의 동역이다.

인간관계가 잘 형성되지 않고 혹 섭섭한 일들이 있었더라도 다른 선교사들의 사역을 돕는 것은 곧 하나님의 마음을 이해하는 일이다. 그 일이 영혼 구원에 귀하게 쓰일 것이다. 그러나 실제로 선교지에서 사역에 바쁘다 보면 다른 이의 사역에 대한 관심이 점점 줄어든다. 선임 선교사는 자신이 직접 도와야 할 책임이 없는 한 후임 선교사에 대해 제대로 알고 있지도 못하다. 때론 동료 선교사 자녀들의 이름도

외우지 못한다. 그럼에도 동료에게 도움을 주고자 노력하는 선교사들이 결국 사랑과 존경을 받는다.

팀장이라면 적어도 각 팀원의 에너지가 어느 정도에 있는지 파악하고 있어야 한다. 팀원들의 에너지가 떨어질 경우 팀장은 그들에게 에너지를 공급할 방안을 가지고 있어야 한다. 수련회, 좋은 강의와 강사, 설교, 책, 휴식, 휴가, 식사, 레크리에이션 같은 방법을 많이 알고 준비하고 있어야 하며, 이를 연중 정기행사로 갖는 것도 필요하다. 실제로 모든 팀원들이 똑같이 만족하면서 일하기란 어렵다. 그럼에도 팀원 한 사람 한 사람이 신바람 나게 일하도록 만드는 것이 팀장의 역할이다. 팀장의 말 한마디, 행동 하나가, 격려와 배려가 팀 전체의 분위기를 바꾸어 놓는다. 때로는 팀원이 그런 일을 하기도 한다.

팀에 역사가 생기면 1인 리더십을 넘어서 팀 리더십을 가져야 한다. 팀 리더십은 사역에 따라 리더십을 나누는 것이다. 어느 정도의 시간이 지나면 모두가 큰 리더인 것을 발견하게 되고 서로 헤어지더라도 다른 영역에서 리더십을 발휘하는 바람직한 결과를 가져온다.

하나님에 대한 헌신과 팀에 대한 헌신이 동일하지는 않지만 동일선상에 있는 것은 사실이다. 동시에 동료 선교사들에게 헌신하는 것도 그 연장선에 있다. 좋은 팀은 순종하는 사람들로 구성되어 있다. 그러나 순종을 잘하는 팀원만으로 이루어진 팀이 많지 않다.

조직 관리

선교지의 팀은 혈연 공동체가 아닌 지연 공동체에 가깝다. 그럼에도 불구하고 사역을 위해 모였음을 기억하고 사역 중심으로 일하고자 서로 노력해야 한다. 팀의 선교사들은 특정한 지역에 낙하산 투하 식으로 각기 모인 사람들과 같다. 거기에는 상하관계와 사명이 있지만 혈연관계가 결여되어 있기 때문에 인간관계에서 부딪힘을 많이 겪는다. 더욱이 우리나라 사람은 사명보다 관계를 중시하는 경향이 있다. 관계가 형성되지 않으면 사역이 잘되지 않는 것이 보통이다. 그런 점에서 관계에 대한 적극적인 투자와 이해가 필요하다.

10년 된 선교사와 1년 된 선교사가 팀을 이루면 팀의 나이가 (10+1)÷2=5.5가 되는 모습을 많이 보았다. 이것은 10년 된 선교사가 5.5년 된 선교사처럼 일해야 한다는 의미다. 그만큼 체력 소모가 많고 집중해야 한다는 뜻이다. 한편 1년 된 선교사도 5.5년차 선교사처럼 일해야 하기 때문에 사역이 버겁게 느껴질 것이다. 그러다 보니 언어 공부같이 먼저 해야 할 일을 놓치게 된다.

그러므로 10년 된 선교사와 1년 된 선교사만으로 팀을 구성하는 것은 바람직하지 않다. 10년 된 선교사, 4-5년 된 선교사와 1-2년 된 선교사가 팀을 이루는 것이 좋다. 10년 된 선교사는 5년차처럼 일해야 하지만 실제로 4-5년 된 선교사가 있어서 보상이 된다. 1-2년 된 선교사도 5년차처럼 일해야 하지만 4-5년차 선교사가 뒷받침해 주니 일의 부담이 덜하다. 이런 경우 전체 팀장은 10년 된 선교사가, 사역 팀장은 4-5년차 선교사가 하는 것이 바람직하다.

팀장 자리는 주기적으로 교체하는 것이 좋다. 가능한 한 모든 팀원들이 팀장을 할 수 있도록 제도를 만들어야 한다. 직접 팀장 자리에 있어 보면 배울 점이 정말 많고 리더십에서 도전받는 부분이 있다. 단, 선임 선교사는 팀장을 오래 맡지 않는 것이 모두에게 좋다. 팀장 교체는 곧 변화의 시작이다.

선교사들은 저마다 개성이 다르고 독특해 깊은 교제를 나누기가 쉽지 않다. 그래도 자신과 다른 개성을 가진 선교사와 동역하는 것을 감사하게 생각해야 한다. 그를 통해 새로운 것을 배우기 때문이다. 배움을 흥미진진하게 생각하는 것은 선교사가 지녀야 할 좋은 태도다.

또한 좋은 팀이라면 서로를 책망할 줄도 알아야 한다. 상대의 자존심을 상하게 하지 않으면서 잘못만 정확히 집어내기란 쉽지 않다. 그래도 책망할 일이 있으면 객관적 사실을 바탕으로 상대가 동의한 부분에 대해 책망해야 한다. 사실 자기가 전도해서 예수님을 믿게 된 현지인에게 싫은 소리를 하기가 참 힘들다. 어렵게 전도해서 믿은 몇 안 되는 사람이기에 가능한 한 나누어 주고 감싸 주고 원하는 대로 해주고 싶은 마음이다. 인터넷을 사용하게 해주고, 비밀번호도 가르쳐 주고, 차로 집에 데려다주고, 자주 집을 방문하고, 선물을 주기도 한다. 그렇게 호의를 베풀다 보면 그 현지인에게 부탁받는 일이 많아지는데 거절하는 쪽이나 거절 당하는 쪽이나 어색한 상황이 벌어진다. 이른바 편애 때문에 다른 선교사나 현지인들이 상처를 받을 수 있고 교회 안에 문제가 생길 수도 있다. 팀으로 사역할 경우 이런 일을 예방할 수 있다. 어느 한 선교사가 분명하게 잘못을 지적하더라도, 또 다른 선교사가 나서서 위로해줄 수 있기 때문이다.

선교사에게는 비전이 있다. 물론 팀에도 비전이 있다. 그런데 선교사가 자기 비전만 고집하면 야망에 빠지기 쉽다. 그렇다고 팀의 비전만 따라가자니 사역하는 데 신바람이 나지 않을 수 있다. 자신의 비전과 팀의 비전을 공유하고 통합하는 일이 필요하다.

팀 사역을 하려면 내규를 만들어야 하는데, 그 과정과 내용이 매우 중요하다. 내규를 만들 때는 다음의 사항을 고려해야 한다.

- 모든 선교사들이 내규 존중에 동의하되 전원합의제로 결정한다.
- 내규나 제도는 운영하다가 문제가 있으면 고칠 수 있도록 유연하게 만든다.
- 가능한 한 형식보다는 내용 중심으로 만든다. .
- 다가올 미래를 반영한다.

내규를 너무 강하게 만들어 놓으면 선교사들에게 부담과 짐이 되고, 때론 자기모순과 자가당착에 빠지게 된다. 선교지의 상황과 선교 단체의 기준을 고려하면서도 운신의 폭을 넓고 자유롭게, 융통성 있게 시작하는 것이 바람직하다.

팀은 시간이 지나면서 조직관리에서 두 가지 어려움, 즉 조직의 공룡화와 공동화(空洞化)를 겪게 된다.

공룡은 대개 몸체가 거대해 자기 몸 하나를 유지하는 데만 해도 에너지가 많이 들고 움직임이 둔하다는 특징이 있다. 아무래도 기후 변화에 적응을 못해 도태했을 가능성이 높다. 마찬가지로 공룡화된 선교 조직은 단체 유지에 대부분의 예산과 우선순위를 배당하고, 새로운 일을 결정하는 과정이 매우 복잡하다. 그러니 시대의 변화를 빨리 따라가지 못하고, 따라서 새로운 패러다임을 제때 제시하지 못하는 경향이 있다.

조직이 공동화되는 것도 주의해야 한다. 세대, 전문성, 지역, 배경 같은 다양한 요소로 조직을 계속 해체, 분리하다 보니 상호간에 관계성이 약해지고 경직되는 것이 공동화의 특징이다. 공동화된 선교 조직은 상호 대화, 협력, 이해를 위한 노력, 공동 목표의 추진이 잘 이루어지지 않는다. 각 지역과 각 팀이 저마다 나름대로 방향을 가지고 사역하다가 결국에는 공동의 목표를 상실하면서 함께 쇠약해지는 것이다.

끝으로, 자주 토론하지 않지만 한번 토론하면 모든 가능성을 열어 두고 팀원 모두가 동의할 때까지 끝장 토론하는 것을 제안한다. 토론하면서 배우는 점이 참 많다. 창의적인 제안이 많이 나오면 더욱 좋다. 그렇게 만들어진 제안들은 구체화해서 실천하기가 쉽고 열매를 많이 거둘 수 있는 지름길이다.

팀 사역의 어려움과 극복 방법

팀 사역을 하다 보면 갖가지 어려움이 생긴다. 팀 사역에서 오는 풍성하고 긍정적인 열매에도 불구하고, 다양하고 이질적인 구성원이 함께 모여 사역하는 데서 오는 어려움이 있기 마련이다. 혼자서 행하는 독립 사역과 비교할 때 팀 사역에서 비롯되는 어려움을 몇 가지 나누어보겠다.

첫째, 팀을 위한 에너지와 시간을 따로 들여야 한다. 팀 사역을 하면, 자신과 가정 외에 다른 팀원들을 위해서도 일해야 한다. 어느 부인 선교사는 독신 선교사들의 식사 준비에 많은 시간을 들인다. 다른 부인 선교사나 독신 선교사는 다른 가정의 아이들을 맡아 돌보는 수고를 한다. 그런 일들이 때론 부담이 되어 불평과 스트레스로 돌아온다. 팀 사역을 하면 아무래도 선교사들이 자주 모이게 마련인데, 이에 따른 각종 일들과 식사 대접은 부인 선교사의 몫이 되기 쉽다. 설거지도 안 하고 가는 선교사들이 미워지기도 하고, 자녀 교육에 들어갈 시간을 빼앗기는 것 같은 마음도 든다.

팀장도 각 선교사들을 위한 행정, 비자, 많은 문서들과 대외관계 및 그밖의 일들에 에너지와 시간을 많이 써야 한다. 각 선교사의 파송 교회에서 목사와 단기 선교팀이 방문하기라도 하면 일은 몇 배로 늘어난다. 특별히 팀 사역이 조정기나 세분화기에 들어가 일이 많아지면 에너지와 시간 사용에 스트레스를 받지 않도록 팀장과 팀원들은 사역을 정기적으로 분석하고, 서로를 진심으로 배려하며 도와야 한다(123쪽 '팀 사역 성장의 네 단계' 참고). 팀장은 각 선교사가 지닌 에너지 정도를 파악해둘 필요가 있다.

둘째, 자신의 사역과 팀의 사역 구분이 애매모호할 수 있다. 합의에 따라 각자 정확한 역할을 맡더라도 팀 사역을 하다 보면 서로 합력해서 일하게 되는 것이 보통이다. 예를 들어, 어린이 사역을 전담하는 선교사가 있더라도, 어린이 전도 프로그램이나 여름성경학교, 성탄절과 같이 큰 행사에는 모든 선교사들이 함께 참여하게 된다. 또 두세 선교사가 같이 한 분야에서 일하게 될 수도 있는데, 그러면 사역 구분이 쉽지 않다. 관계가 좋을 때는 별 문제가 없지만 일단 갈등이 생기면 이런 일들이 모두 어렵게 느껴진다.

셋째, 열매 구분이 확실하지 않을 수 있다. 사역 구분이 어려운 경우 열매 구분 역시 어려울 수 있다. 삼형제가 각자의 역할을 해내며 공주를 살렸다. 그렇다면 공주를 살린 주된 공은 누구에게 있는가? 팀장은 선교지에 무엇이 필요한가를 보고 선교사를 동원한다. 그렇게 해서 후임 선교사가 오면 모든 선교사들이 그가 정착하도록 돕고, 팀은 합의 하에 사역을 각 분야로 나누어 일한다. 그 과정에서 맺은 열매는 누구의 것인가? 물론 일정한 구분법에 팀원 모두가 동의하여 각자 몇 퍼센트씩 일했는지 정확히 구분할 수도 있다. 그러나 그런 구분이 꼭 필요한가에 대해서는 의문이 든다. 이때 팀은 다시 모여 이런 예민한 문제에 대해 논의하고 합의해야 한다.

넷째, 교회와 현지 팀의 중간에서 어려움이 생길 수 있다. 선교사는 팀원인 동시에 교회의 파송 선교사, 여러 개인 후원자들의 선교사, 다른 교회와 단체의 협력 선교사라는 다양한 모습을 갖고 있다. 선교사는 그런 관계들 속에서 자신의 정확한 위치를 설정하기가 쉽지 않다. 때론 그런 이유로 현장에 교회 하나를 세워 놓고 창립 예배만 여러 번 드리는 일도 생긴다.

다섯째, 개인의 사생활이 노출된다. 선교사들끼리 거의 매일 만나거나 사역할 때마다 보니 각자의 삶이 많이 드러난다. 서로의 장단점은 물론 부부의 문제, 자녀들의 상황까지 알게 되어 사생활을 유지하기가 어렵다.

여섯째, 갈등이 생기면 차라리 단독으로 사역하는 게 낫겠다는 생각이 들 수 있다. 팀 사역이 잘되면 참 좋고 행복하다. 많은 열매들을 다양한 분야에서 맺을 수 있기 때문이다. 그러나 갈등이 일어나면 그런 열매들은 간데없이 마음의 상처들만 남고 마침내 팀이 분리되면 애당초 단독 사역을 해야 했나 하는 후회가 생긴다. 그러나 돌아보건대 그런 생각은 하지 않아도 된다. 팀 사역을 하며 배운 게 있고 그것에 감사하면 될 일이다.

일곱째, 여러 사람과 여러 일을 하다 보면 다양한 오해가 생긴다. 이상한 소문도 돌아 선교사들을 힘들게 한다. 이런 오해와 소문들은 조기에 차단해야 한다.

여덟째, 팀 사역에 충분히 기여하지 못한 선교사들은 위축될 수 있다. 사람마다 역량에 차이가 있다. 잘하는 선교사도 있지만 그렇지 못한 선교사도 있다. 팀 차원에서 각 팀원의 약한 부분을 얼마나 잘 보완하고 조정하는가에 따라 팀의 장기성과 균형성이 유지된다.

아홉째, 사역이 많고 복잡해지면서 한 선교사가 모든 일을 다 알수 없는 시점이 온다. 심지어 팀장도 잘 모르는 부분이 생긴다. 서로가 모르는 영역이 생기면 자연히 관계가 멀어진다. 출타를 하거나 안식년을 갖다 온 선교사들은 그 사이 진행된 많은 사역으로 팀의 흐름을 따라가기가 쉽지 않다.

열째, 팀 사역이 활성화되어 많은 사역을 현지인들이 담당하게 되면서 선교사들은 사역이 적어진다. 이때 선교사들이 자칫 그동안 이룬 사역과 열매에 안주하지 않도록 주의해야 한다.

다양한 국가의 의료인들과 함께 (2011년)

선교 본부를 비판하는 선교사는 선교 본부를 아끼는 사람이다.
선교 본부를 자랑하는 선교사는 선교 본부의 가치를 아는 사람이다.
선교 본부를 섬기는 선교사는 선교의 역사를 이해하는 사람이다.

2부_ 팀 사역의 갈등 해결

5. 갈등은 왜 일어나는가?
6. 갈등의 구조적 진단과 처방
7. 갈등 어떻게 해결할 것인가?
8. 성경의 인물들에게서 배운다

알바니아 대학생들에게 성경 말씀을 가르치는 시간

시간을 아껴라. 먹고 자고 쉬고 자녀들 키우고…
이런 일들을 빼면 진짜로 선교하는 시간은 많지 않다.

5. 갈등은 왜 일어나는가?

갈등이란 무엇인가?

갈등(葛藤)은 칡과 등나무라는 뜻으로, 칡과 등나무가 서로 복잡하게 얽힌 것처럼 개인이나 집단 사이에 생각이나 태도 등이 충돌하는 것을 말한다. 상호간에 이해관계와 가치관이 다를 때, 자원이나 기회가 한정되어 있을 때 경쟁하는 과정에서 갈등이 일어나기도 한다. 단순히 의견 차이가 있다고 해서 갈등이 있다고 보지 않는다. 상호간에 합의하지 못하는 시간이 길어지면서 점차 서로를 원망하고 미워하게 되며 상대의 결점을 찾는 방향으로 상황이 전개될 경우 갈등이 시작되었다고 본다. 갈등은 당사자뿐 아니라 주변에까지 부정적인 영향을 미치며 일에 차질을 가져온다.

선교사 갈등의 원인 파악하기

선교사가 갈등을 겪는 원인을 다룰 때는 두 극단을 피해야 한다. 첫 번째 극단은 갈등이 발생하면 무조건 영적 문제, 죄의 문제, 믿음 부족의 문제로 몰아가는 것이다. 두 번째 극단은 영적 문제는 아예 제외한 채 갈등 뒤에 심리, 실제, 운영, 기술, 관계의 문제만 존재한다고 생각하는 것이다. 갈등이 처음에는 다른 원인으로 시작되었다가도 심화되는 과정에서 영적인 문제가 심각하게 나타날 수 있으므로 경계해야 한다. 에베소서 4장 26-27절에 "분을 내어도 죄를 짓지 말며 해가 지도록 분을 품지 말고 마귀에게 틈을 주지 말라"고 기록되어 있다. 사탄은 선교사들이 갈등하여 서로 미워하고 욕하고 사랑하지 못하게 하며 헤어지게 만든다. 그래서 선교 사역이 이루어지지 못하게 한다. 자신이 지금 사탄의 도구 노릇을 하고 있는 건 아닌지 깨어서 돌아보아야 한다.

갈등의 많은 부분은 선임 선교사와 후임 선교사 사이에서 발생한다. 선교 현장의 경험을 돌이켜보면 선임과 후임 사이에 갈등이 없는 경우는 거의 없었다. 대부분의 경우 선임은 후임이 권위를 무시하고 순종하지 않는다고 말하는 반면에, 후임은 선임에게서 충분히 돌봄을 받지 못했고 심지어 부당한 대우를 받았다고 말한다.

팀 내에 갈등이 생기면 팀이 이전의 모습 그대로 정리되는 경우는 드물고, 다른 형태로 변화되면서 문제가 정리되는 것이 보통이다. 팀에 갈등을 일으키는 핵심 인물이 팀장이거나 선교부 대표와 같이 리더인 경우는 문제가 더욱 복잡하다. 선교사들이 겪는 갈등의 기저에는 다른 사람의 권위 아래에서 일하기 싫어하는 마음이 있다. 그러므로 선임은 가능한 빨리 권위와 역할을 확실히 구분해서 이양하고, 후임은 선임에 대한 존경과 애정을 회복하는 길을 찾아야 한다.

갈등의 원인 중 하나는 오해!
선교사들이 가장 싫어하는 것 가운데 하나가 오해를 받는 것이다. 자신은 전혀 그럴 의도가 없었는데 주변이나 외부에서 지레 짐작하고 판단하며 비판을 해오면 그야말로 '돌아버릴' 지경에 이르기도 한다. 오해를 받을 때 사람은 다음과 같이 반응하게 된다.

- 참아본다.
- 가까운 사람에게 심정을 털어놓는다.
- 슬픔, 분노 등 감정적으로 반응한다.
- 반박한다.
- 공격성을 띤다.
- 기도가 제대로 되지 않는다.
- 밤낮으로 그 생각에 사로잡힌다.

- 잠을 제대로 자지 못한다.
- 팀을 떠나거나 아예 선교를 그만둘 생각을 한다.

A선교사는 국내 선교부에서 중요한 일을 하기 위해 입국하라는 지시를 받았다. 그러나 현지의 비자 문제 때문에 여권을 제출한 뒤 돌려받지 못해 귀국을 하지 못했다. 그러자 본부에서는 그가 본부 사역을 하기 싫어서 일부러 버티고 있다는 소문이 돌기 시작했다. 소문은 이 사회에까지 들어가 그는 결국 선교회를 떠나야 하는 상황에 이르렀다. 작은 오해가 가져온 크나큰 결과였다.

B선교사는 팀 내에 갈등의 원인을 제공했다는 오해를 받아서 10년 이상 선교회 대표에게 소외를 당했다. 한번 생긴 편견과 오해가 한 사람을 얼마나 오랫동안 힘들게 할 수 있는지 그는 뼈저리게 경험했다. 대표는 10년이 지난 후에야 C선교사가 다른 선교사들과도 계속해서 충돌하는 모습을 보면서 당시 갈등의 진짜 제공자가 누구였는지 알게 되었고 비로소 문제의 본질을 보게 되었다.

갈등의 다른 주요 원인은 대립!

회의에서 세 선교사가 모두 각기 다른 안을 가지고 있었다. 토의를 해도 의견은 평행선을 그을 뿐 좁혀지지 않았다. 결국 다수결로 A선교사의 제안이 통과되었다. 그러나 그 과정에서 겪은 대립과 마음의 상처로 인해 다른 두 사람은 다수결로 결정된 안을 받아들이고 따르고 싶지 않았다. 그래서 수동적이거나 무관심한 태도를 보였다. 의견 투표에서 다득표한 선교사는 "왜 다수결로 통과된 의견을 따르지 않느냐"고 비판했다. 다수결에 승복하는 마음과 소수를 배려하는 마음이 없는 투표는 결국 대립과 갈등과 분열을 가져올 뿐이다. 특별히 덜 중요한 제안들에 대해서는 비교적 가볍게 넘길 수 있으나, 중요한 결정이라면 대립이 심각해지며 다수결 투표 자체가 또 하나의 갈등 원인이 될 수 있다.

실제로 선교사들이 겪는 갈등의 실체를 알기가 매우 어렵다. 초기에 발견하지 못한 채 시간이 오래 흐르는 동안 그 양상이 다양하게 바뀌기 때문이다. 그 사이에 많은 사건들이 연속해서 일어나면서 당사자들은 서로 다른 말을 하게 된다. 그 말을 확인해 줄 사람들은 거의 없으며, 확인된 내용도 다양하다. 오래 끌어온 갈등을 중립적, 객관적으로 이해할 만한 사람이나 구조도 거의 없다. 혹 사실이 보고되어도 관련자들이 부인하면 이를 증명할 길이 없다. 이런 점들이 온전한 갈등 해결을 어렵게 만든다.

영적 원인을 간과하지 말라

선교지는 영적 전쟁의 최전선이다. 사탄이 다음과 같이 직간접적으로 선교사들을 공격할 수 있다.

- 가정의 화목을 깨뜨린다.
- 기도와 말씀에 소홀하게 한다.
- 자기계발과 관리에 게으르게 만든다.
- 현지인을 긍휼히 여기고 사랑하는 마음을 식게 만든다.
- 선교사 사이에 갈등을 일으킨다.
- 재정을 어렵게 하거나 재정으로 시험 들게 한다.
- 음란함으로 유혹한다.
- 두려움을 심는다.

영적 건조증도 선교사가 갈등을 겪는 원인이 될 수 있다. 공급받는 말씀이 부족할 때 영적 건조증이 일어난다. 성경을 공부하고 연구하는 데 시간을 할애하지 못하는 것이다. 예전에 배웠던 말씀으로만 근근히 살고, 공급받지 못한 채 주기만 하니 정작 자신은 메말라 있다. 이런 영적 건조증을 예방하기 위해서는 우선 은혜를 구해야 한다. 늘 말씀 묵상이 필요하다. 반드시 개인 성경공부를 해야 한다. 새벽기도와 같이 정기적으로 기도해야 한다. 이런 일은 팀원 간에 서로 격려하며 돕는 것이 중요하다.

선교사 갈등의 종류

선교사 사이에 갈등이 생기고 어려움을 겪는 것은 부부싸움과도 같아서 이상한 일이 아니다. 화성과 금성에서 온 남녀가 한 지붕 아래에서 사는 것이 쉽지 않은 것처럼, 일정한 지역에서 한 팀이라는 지붕 아래에서 일하는 선교사들 사이에 오해와 불평, 마찰, 불협화음이 없을 수 없다. 그 자체는 잘못된 일이 아니다. 다만 그것을 해결하지 못하면 죄를 짓게 되는 것이 문제다. 선교지라는 특수한 상황에서 어떤 이유로 갈등이 일어나는지 구체적으로 살펴보자. 선교사 사이에서 일어날 수 있는 갈등을 크게 다섯 가지로 나누어 보았다. 인간적 갈등, 제도적 갈등, 사역적 갈등, 신학적 갈등, 재정적 갈등이 그것이다.

인간적 갈등

예수님의 열두 제자도 저마다 성격과 배경 등 인간적으로 지닌 차이 때문에 갈등을 겪었을 것이다. 서로 다른 사람들이 같이 오래 지내기가 쉬울 리 없다. 문제가 생기는 것이 정상이다. 내 경우를 돌아보아도, 서로 다른 배경을 가진 선교사들이 만났을 때 서로를 이해하는 데 오랜 시간이 걸렸다. 기질, 성격, 개성, 기호, 말 표현법 등이 달라서 생기는 갈등이 꽤 많다. 성경에서 가르쳐 주는 사랑으로 이해하고 섬기고 노력하면 된다는 것을 알지만 연약한 사람인지라 그러기가 만만치 않다. 더욱이 스트레스가 많은 선교지에서는 같은 갈등이라도 더 크게 느껴진다. 다들 예민해 있기 때문이다. 인간적 갈등은 그 범위가 매우 넓다. 딱히 분류하기 애매한 갈등은 모두 이 범주에 넣어도 크게 무리가 없을 것이다.

- A선교사는 목소리가 유난히 큰데다 말투도 거칠다. 행동도 크고 요란해 그가 나타나면 정신이 하나도 없다.
- B선교사는 나와 한 말을 자꾸 다른 사람에게 옮긴다. 어느 날 생각지 못한 사람이 나를 찾아와 내가 전에 왜 그런 말을 했는지 따지기에 B선교사가 그렇다는 사실을 알았다.
- C선교사는 툭하면 화를 낸다. 그러고 나서는 아무 일 없다는 듯이 행동한다. 그러면서 자신은 뒤끝 없는 사람이라고 자랑한다.
- D선교사는 앞에 나서길 좋아하고 모든 일을 자신이 알아서 한 것처럼 포장한다. 평소 손에 물 한 방울 묻히지 않다가 단기 선교팀이 오면 얼마나 열심히 설거지를 하는지 모른다.
- E선교사는 분위기를 잘 파악하지 못하고 엉뚱한 얘기로 대화의 맥을 자주 끊는다.
- F선교사는 약속을 지키지 않는다.
- G선교사는 학벌, 집안 같은 배경으로 사람을 차별한다.
- H선교사는 팀장에게 알리지 않고 단독으로 일을 처리하다가 문제

가 생기면 그제서야 팀장을 찾아간다.
- I선교사는 요구하는 게 많다. 특히 자기 이익을 챙기는 일에 아주 적극적이다.
- J선교사는 다른 사람의 사생활에 관심이 많다. 마당발, 소식통임을 자처하며 남 얘기를 하고 다닌다.
- K선교사의 자녀들은 다른 선교사의 집에 가서 방문이나 서랍 등을 잘 열어 본다.
- L선교사는 확인되지 않은 일을 섣불리 판단하고 보고한다.
- M선교사는 주변 사람들이 뭐라 하든 아랑곳하지 않고 하던 일을 끝장 봐야 직성이 풀린다.
- N팀의 팀장은 자기관리나 정리정돈 면에서 팀원들에게 전혀 신뢰를 받지 못한다. 집과 사무실이 정리정돈이 되어 있지 않아서 방문하는 선교사들이 시험에 들기도 했다. 후에 팀장에 대한 보고서에서도 이 점이 중요한 지적 사항이 되었다..

제도적 갈등

선교사들이 속한 단체와 팀에는 정관과 내규, 운영 규정 등이 있고, 현지 선교사들 사이에 필요한 개별적 사항을 담은 지침이 있다. 때로는 이 규정과 지침들이 선교사들의 이해관계에 다르게 작용하여 갈등이 일어난다.

- A팀은 현지 디렉터나 팀장의 권한이 어디까지인가를 놓고 갈등을 겪는다.
- B팀은 현지 선교사들의 생활비를 무조건 동일하게 정해야 한다며 이를 규정에 넣었다. 반대 의견이 있었지만 다수결로 결정된 일이니 무조건 따를 것을 강요한다.
- C팀은 안전상의 이유로 선교사가 밤에 혼자 다니는 것을 제한한다. 한 독신 선교사가 몇 차례 이를 어겨 경고를 들었다. 하지만 그는 이 규정이 사역을 제한하고 있다는 생각이 자꾸 든다.
- D팀에서는 선교사들이 휴가를 미국으로 간다고 해서 문제가 된 적이 있다.
- E팀은 안식년이나 휴가를 정한 날만큼 정확히 가질 것을 요구하지만, 팀원들은 좀더 융통성 있게 규정을 적용해야 한다고 말한다.
- F팀은 선교사역 보고를 팀장의 일로 규정하고 있지만, 팀원들은 자신이 직접 보내고 싶어 한다.
- G팀 선교사들은 다른 팀에 비해 자신들이 자율적으로 할 수 있는 일이 적다고 불평한다.
- H팀은 팀 내에 팀장과 관련된 갈등이 일어나면 당사자인 팀장의 직무를 정지시켜야 한다고 규정한다. 한편 팀장에게 갈등을 풀어갈 우선적 권한을 주어야 한다고 생각하는 선교사들도 있다.
- I팀은 갈등을 겪고 선교지를 떠난 선교사가 복귀하려고 할 때 어느

소속으로 갈 것인가 하는 문제를 놓고 의견이 대립되었다.
- J팀에 새로 온 한 선교사는 별 생각없이 다른 팀의 모임에 참석했다가 팀장에게 질책을 들었다. 팀장의 용인 없이 다른 팀과 접촉하는 것을 금한다는 규정을 그는 도무지 이해할 수 없다.
- K팀 팀장은 다른 팀장이 자기 팀원에게 이런저런 조언을 주었다는 얘기를 듣고 기분이 썩 좋지 않았다.
- L선교사는 자꾸 새로운 사역을 시도해 보려고 하지만 다른 선교사들은 이를 탐탁지 않게 여긴다.
- M선교사는 이웃 국가의 선교사들이 그의 지역에 와서 사역하는 것이 영 못마땅하다.
- N팀의 팀장은 팀원들에게 의견을 한 번 묻고는 더 이상 토론 없이 혼자 일을 결정하고 추진한다.
- O팀에 현지에서 오랫동안 사역한 한 선교사의 후임으로 젊은 선교사가 팀장으로 왔다. 팀원들은 선교본부의 결정을 존중하기로 했지만 사전 논의 없이 결정된 일에 적잖이 당황했다.
- P팀은 팀장과 팀원 사이에 갈등을 겪다가 결국 새로 선거를 하여 다른 팀장을 세우고 문제를 마무리지었다. 하지만 새 팀장은 여전히 한 팀에 남아 있는 전임 팀장의 눈치를 보고, 팀의 분위기도 예전처럼 편하지 않다.

위와 같은 일들은 내규의 모호함, 규정 해석의 차이, 팀장 역할에 대한 서로 다른 이해, 팀 초기 구조의 불확실성, 내규나 타인에게 속박당하지 않고 싶은 선교사의 독립심과 자율성 우선, 공동 재정, 지역 책임자나 선교본부와의 문제, 선교본부의 내규 적용에 대한 갈등 등에 원인이 있다. 특별히 내규에 다 담지 못한 불명확한 부분에서 갈등이 일어나는데, 이런 일은 본부가 중재에 나서기도 쉽지 않다.

사역적 갈등

어느 선교팀이 교회를 개척하고 있었다. 팀장은 팀원 전원이 교회 개척에 우선순위를 두고 애써 주기를 바랐다. 그러나 병원에서 전문인으로 일하던 한 독신 선교사는 자신이 전도한 사람들 중에 무슬림이 있어 그를 당장 교회에 데려오면 오히려 반감이 생길 수 있다고 보았다. 그래서 일대일 또는 일대다수 식으로 여러 성경공부반을 만들어 운영했다. 팀장은 팀 사역인 교회 개척을 우선하지 않는 독신 선교사에게 선택과 집중을 하라며 스트레스를 주었다. 독신 선교사는 팀의 정책을 이해하지만 교인 수를 늘리는 일에만 열중하는 팀장이 영 불만이다.

팀 사역에 대한 해석의 차이, 애매한 역할 분담, 충분한 토론과 합의 없이 시작한 팀 사역, 사역의 소유화, 과다한 업무량, 공사(公私) 분리의 어려움, 비전 차이 등이 사역적 갈등을 만들어 낸다. 다음은 이에 해당하는 사례들이다.

- A팀은 교회 개척을 하면서 누가 어떤 역할을 맡아야 하는가를 놓고 의견이 분분하다.
- B팀의 한 선교사는 다른 팀원 선교사와 함께 교회를 개척했지만, 자기를 통해 현지인들이 더 많이 교회에 오게 되자 다른 선교사와 같이 일하고 싶지가 않다.
- C팀의 한 선교사는 자기가 전도한 사람이 다른 선교사와 성경공부 하는 것이 못마땅하다.
- D팀의 팀장은 현지인 리더가 교회 청년들을 모아서 성경공부하는 것을 금한다.
- E선교사는 팀원이 개인 성경공부반을 만들기보다는 나가서 전도해 오는 일만 하기를 바란다.
- F선교사는 교회에서 맡은 일을 본인의 사역이라 생각하고 열심히 했는데, 팀장은 이에 동의하지 않는 것 같다.
- G선교사는 자신이 프로젝트 사역의 중심이 되어야 한다고 주장하며, 협력하는 사람들을 오히려 경쟁과 견제의 대상으로 본다.
- H선교사는 계속 접촉해 오던 팀으로 가지 않고 갑자기 다른 팀으로 가버려 팀 사이에 불편한 상황을 만들었다.

신학적 갈등

특정한 교단에서 파송한 선교사를 제외하고는 거의 초교파적으로 팀 사역이 이루어진다. 이것은 선교사들의 신학적 배경이 다양하다는 의미이기도 하다. 그래서 가끔 예민한 문제가 생긴다. 선교사 사이에 신학적인 결정이 필요할 때 누가 최종 결론을 내릴 수 있는가? 반드시 지켜야 할 사항과 덜 중요한 사항을 어떻게 구분할 수 있는가? 이런 문제들은 간단히 판단할 수 있는 게 아니어서 이로 인해 선교회 전체나 팀의 정체성에 위기가 올 수 있다.

- A팀은 현지 여성 리더에게 목사 안수하는 일에 매우 보수적이다.
- B팀은 목사 안수를 받지 않은 선교사가 교회 개척하는 것을 좋지 않게 본다. 선교본부에서 교회를 개척해도 된다고 상황을 정리해 주었는데도, 일부 목사 출신의 선교사들은 이를 받아들이지 못한다.
- C팀은 선교지에서 일어나는 기적에 대해 팀원들 간에 생각이 서로 다르다.
- D선교연합체 정기총회에 매우 예민한 안건이 올라왔다. 많은 교단에서 이단으로 여기는 한 교단이 회원 신청을 했는데 이를 받아들일 것인가에 대한 찬반 의견이 팽팽했다. 미국 복음주의 신학교 교수에게 문의하여, 한때 이단성이 있었으나 지도부가 바뀌면서 복음적으로 돌아왔다는 설명을 들었으나 이단에 특히 예민한 한국의 상황상

그들을 받아들이기가 쉽지 않았다. 오랜 격론 끝에 투표를 했고, 그 결과 그 교단이 회원으로 들어오게 되자 이에 반대한 단체들이 연합체에서 상당수 탈퇴하는 일이 벌어졌다.

재정적 갈등

재정적 갈등은 선교사의 정직, 도덕성과 관련된 매우 민감한 문제다. 재정적 갈등은 팀 사역의 초기에 발생하는 경우는 드물다. 팀의 규모가 커지고 사역이 복잡 다양해지면서 생기는 것이 보통이다. 일단 재정적 갈등이 발생하면 팀의 모든 상황이 악화되며 분리의 길로 가게 될 위험이 크다. 재정과 관련된 갈등을 크게 다섯 종류로 나누어 보았다.

첫째, 선교사 개인의 후원비에 관한 문제

팀으로 있다 보면 각 선교사가 어느 정도 후원금을 받는지 알게 된다. 후원금을 적게 받는 선교사는 비교의식에 스트레스를 받을 수 있다. 나아가 공동 기금을 마련해야 하는 경우 형편상 재정을 감당할 수 없을 때 받는 부담은 더욱 크다. 이런 경우 합의 하에 공동 기금을 동일 금액으로 내서 마련하는 방식 말고 선교사마다 형편에 맞게 내는 방식으로 마련할 수 있다. 그러나 이런 배려를 오히려 더 부담스러워 하는 선교사가 있으므로 충분한 대화를 통해서 결정해야 한다. 같은 팀의 선교사가 자신의 후원자나 후원교회에 연락해 재정적으로 어려운 선교사를 지원할 수 있도록 다리를 놓아 주는 경우도 있다. 그러나 이 역시 받는 사람의 입장에서는 부담이 될 수 있다. 신세졌다고 생각해서 그의 제안이나 요청을 거절할 수 없는 부자연스러운 관계가 형성될 수도 있기 때문이다.

둘째, 팀 사역에 쓰는 재정에 관한 문제

교회 사역, 의료 사역, 대학생 사역, 어린이 사역 등 분야별 사역에 재정 할당, 단기 선교팀이나 방문자들의 헌금과 선물, 외부 상금 등의 비정기적인 재정, 의료 행위나 이자 등으로 생기는 기타 수익을 어떻게 처리하느냐의 문제다. 그밖에도 개인 재정을 연합하여 한 은행의 계좌로 받을 경우 이를 각 선교사에게 나누는 방식이나 수수료를 지불하는 등의 문제가 생길 수도 있다.

한번은 미국에서 단기 선교팀이 선교지를 방문했다. 이들은 방문시 선교사들에게 선물할 한국 음식과 재료들을 종종 가져온다. 이번에 오는 팀도 어떤 음식이 필요한지 문의를 해오길래, 각 선교사 가정에 일일히 물어봐서 필요한 물품의 목록을 보내주었다. 그런데 막상 선교지에 온 단기 선교팀은 자기 교회 여전도회가 마련해 주는 대로 음식과 물품을 가져왔으니 알아서 가져가라고 했다. 단기 선교팀이 가져온 물건을 주문받은 대로 분리해 보니 A선교사 가정의 것이 많았다.

이를 본 다른 선교사들의 얼굴이 편치 않아 보였다. A선교사 역시 마음이 불편해져 다시 물품을 나누자고 제안했고 모두가 적절히 나누어 가지게 되었다.

A선교사와 달리 단기 선교팀이 가져온 선물을 독점하는 선교사도 없지 않다. B선교사는 단기 선교팀이 모두에게 준 선물을 아전인수 식으로 해석해 자기가 가지고 있다가 필요할 때 쓰려고 집에 보관해 놓았다. 그런데 단기 선교팀 중 한 명이 다른 선교사 가정에 가서 선물을 잘 받았느냐고 묻는 바람에 모두가 머쓱해져 버린 일이 있었다.

C선교사는 오랫동안 사역해 온 공로를 인정받아 외부 기관에서 상패와 상금을 받았다. 그가 사역한 기간은 모두 20년이고, 그중 팀으로 일한 기간은 6년에 지나지 않는다. 이럴 때 그 상금을 공동 사역 기금으로 돌려야 할지, 개인 사역 기금으로 돌려야 할지 애매해 재정이 올무가 될 소지가 많다.

셋째, 방문자와 관계를 맺고 후원받는 일에 관한 문제

선교지에 찾아와 단기 사역하는 사람들 중에는 선교사의 파송 교회에서 오는 이들도 있고, 개인적인 친분이 있어 오는 이들도 있다. 그런가 하면 전혀 관계없는 이들도 찾아와 사역을 하다가 가는 경우도 있다. 이들은 선교지를 다녀간 후에 선교사와 개인적으로 연락을 주고받다가 기도 및 재정 후원자가 되기도 한다. 문제는 다른 팀 선교사들은 후원받지 못하는 상황에서 특정한 선교사만 후원을 받게 되는 경우다. 예를 들어, A선교사와 관련된 사람들이 와서 단기 사역을 하다가 갔는데, 같은 팀의 B선교사가 그들의 연락처를 받아 선교 편지를 보내기 시작한 것이다. 그들 중 한 사람이 B선교사에게 후원을 시작했고, 나중에야 그 일을 알게 된 A선교사는 기분이 좋지 않았다.

팀 사역을 하다 보면 이와 비슷한 일이 얼마든지 일어날 수 있다. 이런 일들이 일어나지 않으려면 먼저 선교사 개인이 처신을 정확히 해야 한다. B선교사가 단기 선교를 하다가 돌아간 사람들에게 선교 편지를 보내기 전에 A선교사에게 먼저 의논했더라면 문제는 크게 불거지지 않았을 것이다. 그러나 이미 갈등이 벌어진 상황에서는 팀원 간의 열린 대화와 공정한 원리에 따라 문제를 풀어 가야 한다.

넷째, 기획사업(프로젝트)의 재정 관리에 관한 문제

각 선교사가 달란트와 은사에 따라 역할을 맡으면서 그 분야에 관련된 프로젝트가 시작되면 이와 관련된 재정 후원이 이루어질 수 있다. 일반적으로 이런 후원금은 본부를 통해 팀이 아닌 해당 선교사에게 전달된다. 그러나 팀 사역의 변화로 생긴 후원금이므로 개인의 재정이라 아니라 팀의 재정으로 들어가는 것이 맞다고 본다. 해당 선교사는 관련 후원금을 모금하고 사용하기 전에 이를 팀에 알리고 합의를 이루어야 한다.

다섯째, 팀이 분리될 때의 재정 정리에 관한 문제

팀에서 나올 때는 일반적으로 그 팀에서 사용했던 재정을 그대로 두고 나오는 것이 맞고 성숙한 행동이라고 본다. 하지만 선교사 중에 그동안 여러 목적으로 적립해 두었던 재정에서 자신의 이름으로 헌금된 돈을 찾아가려고 하는 이들이 있다. 이 경우 남은 재정을 선교사 수대로 나누어 요구하는 금액을 전달할 수 있다. 팀 전체가 분리되는 경우에는 전체가 회의를 하여 그동안의 재정과 관련된 재산들을 법적으로 정확히 구분해서 나누어야 이후에 생기는 분쟁을 피할 수 있다.

재정 관리, 작은 원칙 지키기에 길이 있다

첫째, 재정을 어떤 원리로 운영할 것인지 사전에 충분히 논의해야 한다. 이전의 분류에 없던 재정이 생긴 경우에도 후속적인 대화와 원리 정립이 필요하다. 결정은 만장일치제가 원칙이다.

둘째, 재정을 운영할 적임자를 세워야 한다. 적임자는 자기 사역의 30-100퍼센트를 재정 업무에 쏟아야 한다. 다른 팀원들은 이를 존중해야 한다. 필요한 경우에 재정 담당자를 추가로 더 세울 수 있다. 약 열 명이 사역하는 경우, 두 명 이상이 재정을 담당할 필요가 있다.

셋째, 모든 재정 사항은 장부에 정확히 기록하되 각 사역팀에서 같은 방법으로 정리해야 한다.

넷째, 1년에 한두 차례 재정 보고를 한다. 이를 공식 문서로 만들어 대내외적으로 발송한다.

다섯째, 각 사역별 재정은 그 사역의 책임자가 관리한다. 이에 관해서도 정기적으로 또는 필요할 때마다 불시에 재정 감사를 받도록 한다.

팀 구성의 방식에 따른 갈등

앞서 말했듯이 선교사 팀은 한 선교사 가정과 독신 선교사 한 명 이상이 함께하며 이루어진다. 실제로는 세 구성원, 즉 두 가정과 한 명의 독신 또는 한 가정과 두 명의 독신 또는 세 가정 이상이 함께해야 진정한 팀의 모습을 갖추었다고 할 수 있다.

세 구성원이 삼각형 구도를 형성하면 그 사이에 면적이 생기고 이 공간이 팀의 사역과 운영이 된다. 이때 세 구성원은 관계와 사역의 역동성을 발휘하게 되며, 그로 인한 결과들이 삼각형 안에 담긴다. 네 구성원이 모이면 사각형이 되고, 다섯 구성원이 모이면 오각형이 된다. 삼각형 각 변의 길이는 각 구성원의 성숙도를 의미한다. 구성원들이 성숙하다면 훨씬 더 큰 삼각형을 만들어 더 크고 다양한 사역을 그 안에 담아 내게 될 것이다. 사역 과정에서, 특히 초기에는 정삼각형이 아닌 다른 형태의 삼각형이 될 수 있는데, 궁극적으로는 가장 균형을 이루는 정삼각형이 되도록 노력해야 한다. 기본 삼각형 구조가 되면 본격적으로 팀의 본질적인 일들이 진행된다.

여기에 새로운 선교사 가정이나 독신 선교사가 오는 경우 정삼각형 더하기 1, 즉 두 구성원이 한 꼭지점을 공유한 삼각형 구조가 되는 게 아니라 전혀 다른 구조, 즉 사각형이 된다. 새로운 팀원이 들어올 때마다 팀은 오각형, 육각형 등 꼭지점을 더해 가며 새로운 도형으로 변화

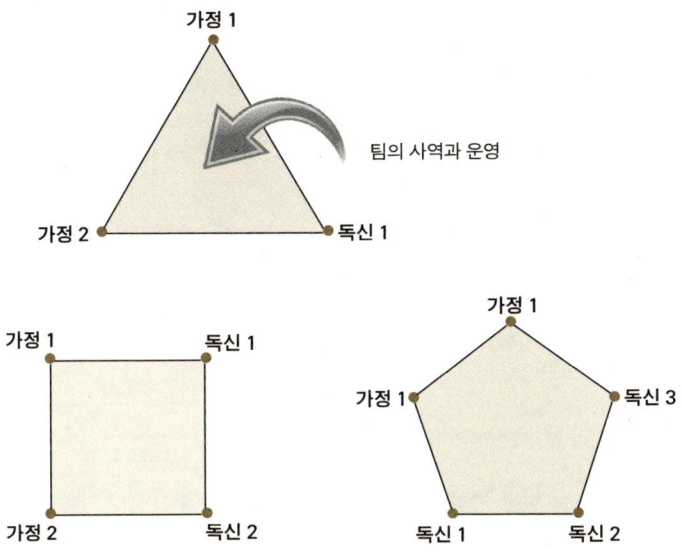

〈 선교팀 구성원 추가에 따른 구조 변화 〉

한다. 한 꼭지점이 더해진다는 것은 이전의 것과 비슷한 어떤 구조가 되는 것이 아니라 전혀 새로운 구조가 되는 것이다. 따라서 이전에 없는 문제나 갈등이 생겨날 수 있음을 염두에 두어야 한다.

1장 '성경에서 찾아보는 팀 사역'에서 보았듯이 바울과 바나바는 배경과 기질이 여러 면에서 달랐지만 좋은 팀을 이루어 사역했다. 특히 1기 사역 기간에 그러했다. 사실상 팀 사역의 허니문 기간이었던 셈이다. 그들에게 문제가 시작된 것은 제3자가 관련된 후부터였다. 마가가 방아쇠 역할을 했다. 평소 별 충돌 없이 사역을 해오던 그들의 팀에 마가라는 새로운 꼭지점이 들어오면서 둘의 상반된 기질이 대립하기 시작한 것이다. 한 점이 추가되었을 뿐이지만 구조에 완전한 변화가 일어난 것이다. 어느 구조도 쉬운 관계 형성은 없으며 그에 따른 갈등의 양상도 달라진다.

다음은 선교지에서 팀을 구성하는 몇 가지 방식과 그에 따른 갈등의 양상을 정리해 본 것이다.

선교사 가정과 연하의 후임 독신 선교사

부부 선교사에 독신 선교사가 합류하는 형태다. 이 형태로도 사역을 잘 할 수 있지만 보통은 여러 어려움에 쉽게 노출된다. 기혼자와 미혼자의 사고와 생활방식에 차이가 있어 서로 미처 이해하지 못하는 부분이 생긴다. 특히 독신 선교사들은 99퍼센트 이상이 여성이며, 아무래도 짐을 옮긴다든가 이사를 한다든가 집 수리 같이 힘쓰는 일이나 계약 같은 공적인 일에서 도움을 필요로 한다. 그런데 현지에서 말이 통하고 연차가 있는 남성은 가정이 있는 남편 선교사인 경우가 많다. 순수한 마음으로 도와도 그 과정에서 부인이 소외되면 불필요한 오해가 생길 수 있으므로 주의해야 한다. 되도록 부인이 여성 독신 선교사를 직접 만나 섬기고 도움을 주는 것이 좋다.

선교지에서 사역을 하다 보면 부인 선교사는 자녀 뒷바라지와 가사일 때문에 사역 참여에 제한을 받는다. 특히 취학 전 연령의 자녀를

둔 경우 외부 사역은 주로 남편 선교사가 담당한다. 이럴 때 활동적으로 사역하는 독신 선교사와 비교되면서 상대적인 박탈감을 느낄 수 있으므로 작은 부분에서라도 부인 선교사를 배려할 필요가 있다. 이를테면 독신 선교사를 집에 초대했을 때 다함께 식사를 준비하고 마무리한다든지, 외부 행사를 나갈 때 미리 얘기를 한다든지, 다른 팀원들 앞에서 존중하는 모습을 보인다든지, 사역 내용을 지속적으로 공유한다든지 하는 노력이 이에 해당한다.

선교사 가정과 연상의 후임 독신 선교사

손위의 여성 독신 선교사와 팀을 이룰 경우 선교사 가정 측에서 좀 더 배려를 기울이게 된다. 한국에 있을 때부터 알고 지낸 사이라면 더욱 그러하다. 이런 경우 독신 선교사는 미혼일 수도 있고 남편과 사별했을 수도 있다. 대체로 인생의 경험이 많고 언행이 조신하며 인간관계에 유의하여 팀에서 좋은 관계를 형성하는 것이 보통이다. 후임 독신 선교사가 그 가정의 리더였거나 목사나 전도사인 경우, 또는 폐쇄적이거나 강한 성격으로 먼저 선교지에 온 선임 선교사 가정을 가르치려 하고 비판하는 등 지나친 경우가 아니라면 대체로 무난한 조합이다.

선임 선교사 가정과 후임 선교사 가정

선임 선교사 가정과 후임 선교사 가정(연상, 연하와 무관함)의 조합은 대개 사역의 허니문 시기를 갖는다. 알콩달콩 서로 협력하는 관계가 지속되는 기간인 것이다. 자녀들끼리도 쉽게 친해지고 서로를 필요로 한다. 특별히 두 가정이 한국에서 선후배 관계였거나 같은 교회에서 파송받았거나 그밖에 연관이 있는 경우 더욱 그러하다.

그러나 사소한 오해가 생겨 자칫 관계가 틀어질 경우 양쪽 가정이 받는 상처가 다른 어떤 조합보다 크므로 주의해야 한다. 잘 지내던 가정도 일정 시간이 지나면 이러저러한 이유로 불편한 일이 생기는 것이 일반적이다. 결국 적절한 시기에 이르면 독자적으로 사역하는 형태를 가지게 된다. 상호간에 예민한 문제가 발생하거나, 아이들 사이에서 문제가 발생하거나, 선임 가정이 후임 가정의 일에 지나치게 간섭하려는 경우나, 제3의 가정이 합류하는 경우가 아니라면 대체로 무난한 관계를 유지할 수 있다.

독신 선교사와 연상의 후임 독신 선교사

이 경우 후임 독신 선교사가 연장자이므로 선임이 후임을 열심히 섬기고 배려하는 일이 우리나라 정서상 자연스럽게 이루어진다. 후임 독신 선교사도 선임 독신 선교사에게 최대한 존경하고 순종하는 자세로 예의를 갖추려고 한다. 그러나 때로는 그런 섬김과 배려가 오히려 서로에게 부담이 될 수 있다. 특히 연상의 후임 선교사가 경험과 학력을 내세우며 선임 선교사의 일에 참견하거나 그의 권위를 인정하거나 받아들이지 않으려 할 때 큰 갈등이 생길 수 있다.

독신 선교사와 연하의 후임 독신 선교사

선교지에서 독신 선교사끼리 한 집에 살면 더 안전하다고 볼 수 있을까? 한편으로는 맞지만, 다른 한편으로는 그렇지 않다. 서로 살아온 배경과 생활방식, 견해가 다른 경우 쉽게 화합할 수 없는 형태가 되기 때문이다. 이런 경우 대개는 각자 독립하는 방식으로 분리된다. 독립한 후에도 사역할 때 협력이 잘 이루어지고 서로에게 큰 지지가 되어주지만 각자의 달란트를 따라 사역하는 영역은 달라진다.

독신 선교사와 연상 또는 연하의 후임 선교사 가정

이 경우도 우리나라 정서상 선임 독신 선교사가 다른 선교사 가정들을 최선을 다해 섬기는 모습을 보인다. 다만 선교사 가정이 정착하는 데는 자녀교육 등 독신 선교사의 정착과는 차이가 나는 부분이 있다. 독신이 가정의 다양한 필요를 충분히 배려하지 못하면 가정은 독립적으로 정착하는 길을 찾게 되고, 그 과정에서 선임 독신 선교사에게 섭섭한 생각이 들 수 있다. 그러나 후임 가정이 선임 독신을 잘 이해하고 따라간다면 큰 문제는 없는 조합이다. 선임 독신이 아이들에게 '이모' 역할을 할 수도 있다.

셋 이상의 선교사 가정

선임 선교사 가정이 있는데 후임으로 두 가정이 시차를 두고 선교지에 들어온 경우 팀이 2대 1로 나뉘는 경향이 있다. 대체로 팀장의 가정을 제외하고 후임 가정끼리 더 가까워진다. 세 번째로 입국한 가정을 주로 두 번째로 입국한 가정이 섬기기 때문이다. 또한 세 번째 가정이 팀장이 아닌 가정을 더 편안하게 느끼고, 선교지에 들어온 지 상대적으로 얼마 안 되는 두 번째 가정에게서 더 최신의 정보를 얻기 때문이다. 이런 일은 팀장과 그의 가족에게 상처가 될 수 있다.

후임 선교사가 동원한 선교사 가정들과 독신 선교사들의 입국

처음에는 선임 선교사와 직접 관계 있는 선교사들이 선교지에 입국하지만, 나중에는 후임 선교사들이 동원에 나서면서 파송 교회와 후원자 및 여러 통로를 이용해 후임 선교사들이 오게 된다. 이것은 팀이 다양해지고 성숙해지는 것을 의미하기도 한다. 선임 선교사와 후임 선교사들이 모두 경험이 많아져 후에 들어오는 선교사들의 정착과 사역을 돕는 일에 실수가 적다. 나중에 합류한 선교사들은 전체 팀에 속하지만 실제로는 자신을 선교지로 끌어준 후임 선교사들과 더 친밀한 관계를 형성하면서 팀 내에 또 하나의 팀을 형성할 수 있다. 이런 형성은 매우 자연스러운 것으로 팀이 더 계발되고 성장하는 패턴의 일부다. 다만 그런 소그룹들끼리 뭉쳐서 팀 내에 반목과 갈등이 생기지 않도록 주의해야 한다.

새 팀장과 전임 팀장의 관계

팀이 결성되고 수년이 지나 팀장이 교체되는 경우가 있다. 팀장은 본부에서 임명할 수도 있고, 현지에서 정기 회의를 통해 다른 팀장을 새로이 세우기도 한다. 전임 팀장이 임기를 마치는 것과 같이 명예로운 교체는 문제가 없지만, 그렇지 않은 경우에는 후임 팀장이 일하기가 매우 불편해진다. 이런 경우는 전임 팀장이 새로운 사역을 맡아 그 일에 집중하거나, 아니면 팀에서 아예 독립해 나오는 방법을 생각해 볼 수 있다.

존경하는 멘토 배도선 선교사와 함께

선교사가 현지인들에게 비판을 듣는 것은 이상한 일이 아니다.
가까이 지내면서 종종 실수와 잘못을 보이는 것도 이상한 일이 아니다.
하지만 용서를 구하고 겸손히 동역하지 않는 것은
모든 사역의 아름다운 열매들을 좀먹게하는 어리석은 일이다

6. 갈등의 구조적 진단과 처방

갈등의 네 단계: 발단, 전개, 절정, 대단원

갈등을 겪고 있는 선교사와 팀을 보면 여러 증상들이 나타난다. 역으로 그런 증상들이 나타나면 팀에 갈등이 있고, 그것이 얼마나 심각한지도 가늠할 수 있다. 무엇보다 팀 내에 비판과 원망이 많아진다. 편가르기가 시작된다. 말을 함부로 하고, 뒷말을 하며, 다른 사람과 했던 말을 옮기는 사람이 생긴다. 그러니 말에 대한 신뢰가 떨어져 별 뜻 아닌 말에도 예민하게 반응하게 된다. 합리적인 반대 의견에도 화를 참지 못한다. 당황스럽고 답답한 상황이 이어지면서 그냥 어디론가 떠나고 싶다는 생각밖에 들지 않는다. 문제를 조기에 정리해 주지 못하는 선교회나 지도부에 실망한다. 팀의 제도와 내규가 있어도 제 역할을 하지 못한다.

이런 상황이 길어지면 스트레스로 인해 두통, 불면증, 우울감, 대인 기피증이 나타날 수 있고 극단적인 생각마저 하게 될 수 있다. 그러니 사역이 잘 될 리 없다. 사역 의욕이 떨어지고 선교사들의 이중성에 좌절한다. 자신에 대해서도 무기력함을 느낀다. 불똥은 가족에게도 튄다. 부부싸움이 잦아지고 괜스레 자녀들에게 짜증을 내게 될 수 있다.

이런 팀 내 갈등은 대체로 발단, 전개, 절정, 대단원이라는 네 단계를 지난다. 발단 단계에서 갈등이 해결되는 것이 가장 좋지만, 늦어도 전개 단계에서 해결을 보아야 한다.

갈등이 생겼을 때 해결이 가장 어려운 몇 가지 경우가 있다. 거의 헤어지는 수순을 밟는 예는 다음과 같다.

- 어떤 종류의 갈등이든 자존심이 심각하게 상한 경우
- 도덕성에 의심을 받은 경우
- 신학적 갈등이 일어난 경우
- 일방적으로 당했다고 생각되는 경우
- 오해로 생긴 문제를 교회나 선교본부에서 공식 지적받은 경우
- 엎친 데 덮친 격으로 갈등이 중첩된 경우, 예를 들어 숨겨진 갈등(부부간의 갈등, 현지인과의 갈등, 후원 교회와 후원자와의 갈등)에 더해 팀 내 갈등이 생긴 경우

		원인	예방
발단		기질과 성격 차이, 배경 차이, 서로에 대한 무지와 오해, 팀 사역에 대한 무지 또는 오해, 역할과 위치를 배분하는 제도 미비, 리더의 대표적 실수들, 선교본부의 방치	팀 사역에 대한 바른 교육, 인간이해(특히 팀원 서로에 대한 이해가 선행되어야 함), 현지 팀 제도 확립과 합의, 사랑과 순종의 역학 정립, 팀장의 수용성 있는 선택
전개	인간적 갈등	서로의 발언과 행동을 확대 해석함, 소문들, 회의와 만남에 소극적 자세, 서로의 실수에 대한 지나친 반응, 회의 시 한두 번의 다툼	선교본부의 개입과 상호이해 주선, 스트레스 나눔과 극복, 수련회, 개인 상담, 문제의 원인 규명, 적절한 시비 결정 및 수용, 평소 상호신뢰와 의사소통
	사역적 갈등	사역 주도권, 열매 소유권, 역할 분담에 대한 불만	적절한 조정 작업, 상호 존재와 역할을 존중함
	제도적 갈등	내규나 제도에 대한 해석의 차이, 팀장의 역할과 권위에 대한 불신과 오해, 새로운 팀장과 전 팀장 사이의 갈등	선교본부의 공정한 개입, 권위에 복종하는 훈련, 팀 운영의 지혜와 전략 연구
	신학적 갈등	평신도 선교사의 설교 및 위상, 성경 해석의 차이, 교회 예배 내용의 차이	팀 구성 단계에서 신학적 입장이 다른 사람은 걸러냄, 수용하는 자세, 겸손하게 자문을 구함
	재정적 갈등	재정 남용과 오용, 불투명성	재정의 정확성, 정기보고, 잘못된 처리를 지적하고 바로잡음
절정		인신공격, 회의 시 고성이 오감, 과거의 상처가 꼬리를 물고 등장함, 사소한 말과 표현에 민감하게 반응함, 긴장과 스트레스로 가득함, 선교본부의 중재나 개입에도 변화가 거의 없음, 사역은 피곤하고 소모전이 심함, 제도나 팀의 내규가 마비됨, 악순환 상태	팀원 모두의 상담과 치료, 선교본부의 개입과 재구성, 합의 하에 팀을 여러 작은 팀으로 분리하기
대단원	나쁜 결과	팀이 나눠짐, 서로 접촉이 끊김, 본부의 적극적 개입에도 문제가 해결되지 않음, 지난 상처에 대한 계속적인 반응, 일부 팀원들은 팀을 떠날 생각을 가짐, 해결 방법이 보이지 않음	
	좋은 결과	서로에 대한 이해가 새로 생김, 과거의 일을 조건 없이 용서함, 팀 사역과 그 역동성 대한 이해, 갈등을 계기로 좋은 제도가 생겨 모두가 이에 동의함, 선교본부의 개입과 권고안 수용, 다음 사역을 위한 비전에 집중함	

현지의 선교사들은 일차적으로는 같이 있는 동료 선교사들과 갈등을 겪지만, 그 이면에는 선교본부와 파송 교회, 현지인, 심지어 한국에 두고 온 가족들과도 갈등이 내포되어 있을 수 있다. 그러므로 자신이 언제라도 4중, 5중으로 복합된 갈등 구조에 빠질 위험이 있다는 사실을 늘 인지할 필요가 있다. 그래야 작은 일에서 시작된 갈등이 깊어지는 것을 미리 막을 수 있다. 설령 어쩌다 갈등이 거미줄처럼 얽혀 버리더라도 눈앞의 문제에 매몰되어 심하게 자책하지 않고 좀더 넓은 시각에서 문제를 바라볼 수 있다.

팀 사역 성장 단계의 위기

팀 사역은 크게 네 단계, 즉 형성기, 구조기, 조정기, 세분화기로 성장하며 변화해 간다. 각 시기가 어느 정도 되는지 미리 예상하기 어렵다. 팀 사역의 네 단계 성장에 대해 이야기하는 것은 팀 내 갈등이 단순히 개인의 리더십이나 관계에서 비롯된 문제가 아니라 팀의 성장 단계에 따른 구조적 문제로 생길 수 있는 것임을 인지하기 위해서다. 팀이 성장 단계에서 구조적으로 맞을 수 있는 위기에는 권위 위기와 독립 위기가 있다(이것은 2000년대 초 알바니아 선교 세미나에서 한 네덜란드 강사가 강의한 내용인데, 연락처를 찾지 못해 구체적인 출처를 밝히지 못했다).

팀 사역 성장의 네 단계

형성기(Foundation stage)
팀이 구성되는 시기로서 가정과 독신의 다양한 형태로 팀 구성이 이루어지는 단계다. 현장의 갖은 어려움에도 불구하고 사역에 대한 기대가 많고 준비해온 선교 사역을 이루어 가고자 하는 들뜬 마음이 있으며 팀에 대한 바람도 크다. 흔히 이때를 사역의 허니문 시기라고 한다.

구조기(Structure stage)
팀이 제 모습과 구조를 갖추고 기능을 하는 시기다. 팀 안에 팀장과 팀원들이 구분되고, 내규와 조직이 생기며, 구체적으로 사역의 방향을 정하고, 본격적으로 성장해 가는 시기다. 형성기와 구조기를 합쳐서 대개는 2~3년이 지난다. 팀에 따라서, 그리고 형성기와 구조기를 어떻게 보내는가에 따라 그 기간은 더 길어질 수 있다.

조정기(Coordination stage)
팀이 구조기를 벗어나 구체적으로 많은 사역을 시작하며 점점 조직화되어 가는 시기다. 이 시기에는 사역과 관련해 조정이 필요하다. 즉 누구를 어디에 배치하는가, 사역의 내용들은 어떻게 정할 것인가, 결정을 어떻게 할 것인가 하는 문제들을 조정하고 합의함으로써 사역에 몰입할 수 있다. 나아가 새로이 들어오는 후임 선교사들을 정착시키고 그들도 조정하여 사역에 배치하며 사역을 함께할 수 있는 조정이 계속된다.

세분화기(Delegation stage)
조정기와 세분화기는 완전히 구분되지 않고 계속 진행되지만, 특별히 세분화기는 팀이 사역에서 엄청난 진보와 성장을 하는 시기다. 사역이 상당히 조직화되어 각 분야가 크게 활성화되고 성장하며 일도 정말 많이 한다. 사역이 상당히 성숙 단계에 가까워져 현지인 리더들이 많이 세워지고 현지인 제자들이 사역에 많이 참여하여 선교사가 개입하지 않아도 사역이 잘된다. 사역의 만족도가 매우 높지만 각 선교사는 새로운 변화에 도전을 받는 단계로서 반전이 존재한다.

권위 위기(Authority crisis)

허니문 시기인 형성기를 지나 구조기에 이르면 팀은 대개 큰 위기에 봉착한다. 위에 있는 팀장과 아래 있는 팀원과 같이 지시형 수직적 구조가 느껴지며, 그 권위에 대항하는 힘이 충돌하는 권위 위기가 발생한다. 권위에 무조건 순종하라는 독재 형태도 옳지 않고, 그 반대로 권위를 아예 부정하는 구조도 옳지 않다. 팀은 자신들에게 맞는 권위를 가진 구조를 만들기 위해 정말 많이 대화하고 만장일치로 사안을 결정해 가야 한다. 권위 위기를 넘겨야 팀이 부흥할 수 있는 조정기가 시작된다. 아쉽게도 우리나라 선교팀은 이 위기에서 대부분 와해되고 다음 단계를 넘어가지 못하거나 매우 어설프게 봉합한 채 마치 조정기로 넘어가는 듯 보이는 경우가 많다. 그러나 실제로는 여전히 구조기에 머물고 있으면서 조정을 도모하려고 하니 제대로 되지 않는 것이다. 한국 팀 중에서는 조정기에 이른 팀을 잘 보지 못했다.

권위 위기를 잘 넘기기 위한 제안을 몇 가지 해본다.

첫째, 다시 대화를 해야 한다.

형성기 때부터 잘못된 형태로 온 것이므로 다시 시작하는 것에 동의하고 다시 대화를 해야 한다. 그런데 현재 팀장의 입장에서는 그렇게 과거로 돌아가자는 제안을 받아들이기가 어렵다. 그래서 어떻게든 현재 구조 안에서 문제를 해결하려고 여러 방법을 동원해 본다. 하지만 팀원들은 어떤 제안도 거부하고 결국 팀장도 팀원들이 미워지면서 포기하게 될 수 있다.

둘째, 단순하게 팀장만 교체한다고 문제가 해결되지 않는다.

팀장은 자기만 그만두면 되지 않는가 생각하고 자신의 직위를 포기하는 수가 있다. 팀원 가운데 다른 한 명, 대개는 연장자나 팀장 바로 뒤에 온 후임 선교사에게 팀장 자리를 넘기는 것이다. 그러나 팀원들 간에 이미 신뢰와 관계가 깨진 상황에서 과거와 비슷한 구조로는 이 시기의 위기를 극복할 수 없다. 게다가 상처받은 전임 팀장이 여전히 조직 안에 남아 팀원으로서 비판적이고 공격적인 태도로 나오면, 팀은 또 다른 형태의 권위 위기에 빠지게 된다. 이 분위기에서 후임 팀장은 전임 팀장에 대한 예우도 있고, 일부 그의 의견이 옳은 면도 있으며, 어떤 의견을 내도 합의가 되지 않는 상황에서 침묵하거나 인내로 버티기만 하면 팀이 제2의 위기에 빠질 수 있다.

셋째, 제3자가 문제 해결에 도움이 될 수 있다.

성공률은 높지 않지만 중재하는 사람이 권위 위기에 대한 이해가 충분히 있다면 해볼 만하다. 예전에 우리 팀이 위기를 맞았을 때 대립하는 양측 모두에게 인정받는 사람이 우리 팀을 방문했다. 세미나 강사로 왔다가 팀 내 갈등을 목격한 그는, 이것이 권위 위기라고 생각지 못했고, 단순히 선교사들 사이에 몇 가지 오해가 생겨 갈등을 겪고 있는 것이라 이해했다. 그래서 문제를 해결하고자 머무는 내내 선교사들

한 사람 한 사람을 개별적으로 만나 대화하고 모임을 주선하려 했다. 그러나 상황은 나아지지 않았다. 오히려 수면 밑의 문제들이 다 떠오르는 양상을 띠었다.

넷째, 권위 위기를 극복하는 열쇠는 문제를 조기에 발견해 해결하는 데 있다. 선교사들이 팀 사역으로 일한다면 거의 1-2년 내에 갈등이 시작되고 위기가 온다. 그러므로 그 안에 예방책을 세워 놓아야 한다. 선교사 간에 대화가 잘되고 있는지, 사소한 문제는 없는지, 팀 조직은 잘되어 있는지, 모두가 만족한 합의를 이루고 있는지, 팀 운영은 잘되고 있는지와 같은 질문을 팀장뿐만 아니라 팀원 개개인에게 해야 한다. 그러면서 이상한 변화들이 있을 때, 갈등의 징후가 보일 때, 어려워하는 점을 들었을 때 적극적으로 문제 해결에 나서야 한다.

조기 해결을 시도해야 하는 이유는, 선교사들이 서로에게 덜 상처 받은 상황에서는 대화를 재개할 수 있지만, 이미 깊이 상처를 입은 상황에서는 어떤 방법도 효과를 내기 힘들기 때문이다. 우리 팀의 경우 모두의 존경을 받는 본부 사람이 우연히 중간에 중재를 시도했지만, 정작 선교본부 대표는 갈등이 표면화되고 나서 1년 뒤에나 팀을 방문했다. 그때는 갈등과 위기가 절정에 이르러 어떤 식으로든 문제를 해결할 상황이 되지 못했다. 시기를 놓친 것이다.

다섯째, 팀을 해체하고 여러 팀으로 나누는 것도 한 방법이다.
같은 팀으로서 오랜 대화를 하면 문제를 해결할 수 있다. 그러나 그 기간이 짧지 않으며 그 사이에 많은 인내심을 갖고 소모전을 치러야 할 것이다. 그 과정에서 사역은 사실상 파행을 겪게 마련이다. 그러므로 일정 기간 적극적으로 문제 해결을 시도하다가 안 되면, 공식적인 절차를 따라 팀을 해체하고 여러 팀으로 분리하는 것이 차선이 될 수 있다.

여섯째, 보다 더 상처받은 이를 잘 감싸서 선교를 중도에 포기하지 않도록 배려해야 한다.

팀이 갈등을 겪고 위기를 맞았을 때 모두가 같은 분량의 상처를 받는 것은 아니다. 개인의 배경과 성향에 따라, 위기의 내용에 따라, 당시에 어떤 위치에 있었는가에 따라 상처의 종류와 깊이가 달라진다. 가장 많이 상처 입은 사람은 팀을 떠나거나 선교를 중단할 수 있는데, 이는 하나님 나라와 선교에 큰 손해가 아닐 수 없다.

선교 현장에서 이 점을 뼈저리게 느낀 나는, 훗날 팀을 구성할 때 수평적 리더십, 많은 대화, 한국에서부터 아는 사람들 중에서 선교사 동원하기, 충분한 교제와 휴식과 칭찬과 격려를 통해 권위 위기를 잘 넘겨 조정기에 이를 수 있었다.

독립 위기(Independence crisis)

조정기에는 대체로 갈등이나 위기가 없다. 그 다음 단계인 세분화기에 가서 팀은 다시 위기를 만날 수 있다. 선교사들이 저마다 어느 정도씩 성숙해지고 경험도 많아진 시기다. 각자의 덩치가 커지다보니 한 산에 두 호랑이가 같이 있을 수 없는 것처럼 팀이라는 공간이 협소하게 느껴지고 불편하다는 생각이 들기 시작한다. 그리고 새로운 비전을 가지고 주도적으로 사역을 개척해야 할 것 같은 판단이 든다. 팀은 세분화기에서 독립 위기를 넘기면 더 큰 조정기에 들어가면서 계속해서 성장해 나갈 수 있다. 훨씬 더 큰 팀으로 성장해 지역을 넘어 주변 국가들과 한국에까지 복음의 영향력을 발휘할 수 있다.

팀에 독립 위기를 일으키는 방아쇠가 있다. 서먹한 관계, 소외감, 불신, 재정 관계, 사역 관계 등이 문제를 일으키지만, 근본적으로는 위에서 설명한 대로 독립할 수 있다는 판단과 현실이 그렇게 만드는 것이다. 팀이 그렇게 저마다 독립을 하면 다시 작은 팀으로 돌아가고 초창기에 겪었던 사역의 한계를 다시 겪을 수밖에 없다. 선교사 개인의 신상 변화에 따라 팀이 아예 사라지는 경우도 생길 수 있다. 이런 결과들을 예견할 때, 독립 위기를 지나는 팀의 선교사들은 사역의 더 큰 그림을 바라보며 자신의 작은 꿈과 계획을 내려놓을 필요가 있다. 팀 안에 어떤 문제가 있다면 그 안에서 해결하도록 노력해야 한다. 새로운 대화를 시도하고 모두가 합의하는 가운데 독립에 가까운 사역의 영역을 구축하고, 그에 맞는 권위를 새로이 설정하면서 미래를 향해 함께 나아가야 한다.

그러나 아쉽게도 이런 모습을 보여주는 선교팀 모델을 현재까

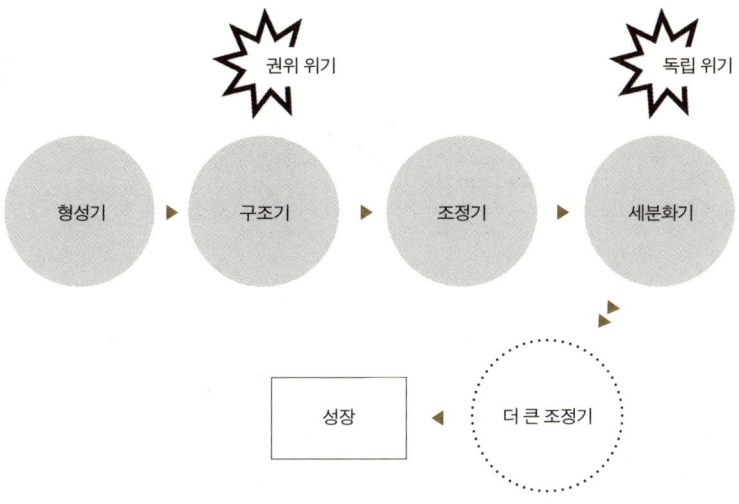

〈 사역 성장의 네 단계와 두 위기 〉

지 발견하지 못했다. 관계에서 비롯된 작은 위기조차 잘 넘기지 못하고 와해되는 상황에서 과연 몇 팀이나 조정기를 넘어 세분화기를 경험하겠는가? 그러니 선교사들은 자신의 팀이 지금 조정기나 세분화기에 있다는 사실을 모른 채, 막연히 우리 안에 어떤 사건이, 어떤 오해가, 어떤 문제시 되는 사람이 있어 팀이 분리되었다고 생각할 것이다.

알바니아 어린이 여름성경학교에서

선교지에 가면 본국에서 편지가 많이 올 거라고 기대한다.
많은 사람들이 선교사인 자기를 기억할 것이라고 기대한다.
선임은 자신이 원하는 만큼 후임이 사역할 것이라고 기대한다.
후임은 선임이 자신에게 항상 좋은 사람일 것이라고 기대한다.
그런 기대는 실망과 좌절을 가져온다.
그러니 모든 기대를 기도로 바꾸라.

7. 갈등 어떻게 해결할 것인가?

팀이 한번 갈등에 빠지면 소모되고 손해 보는 것이 정말 많다. 개인, 공동체, 현지 교회와 사회, 선교부, 교회 및 복음 사역 모두에게 큰 어려움을 줄 수 있다. 가능한 한 예방하고 갈등이 있다면 초기에 알리고 발견하여 적극적으로 치료하고 확대되지 않도록 해야 한다. 갈등이 생긴 경우 기본적으로 다음과 같은 자세를 갖는 것이 좋다.

- 문제보다는 사람을 본다.
- 문제 해결보다는 화평과 화목에 무게를 둔다.
- 잘잘못의 지적보다는 형평성과 상황성을 이해한다.
- 진실을 따져야 하지만 거품(과장된 이야기, 소문 등)은 배제한다.
- 상호 양보 같은 노력 없이는 아무것도 해결되지 않음을 안다.
- 무조건 피하기보다는 갈등에 직면한다.

- 갈등의 양측이 존경하는 인물을 중재인으로 두고 상의한다.
- 감정을 배제하고 냉정하게 사태를 바라본다.
- 결과가 예상과 달라도 당황하지 않는다.
- 손해를 보아도 사람은 잃지 않는 방향으로 결정한다.
- 가능한 한 팀이 해체되지 않도록 한다.

선교지의 갈등을 책임지고 다루는 현지 팀 체계에는 세 가지 역할이 있다. 사실을 발견하고 확인하는 검사 역할, 관련 당사자들을 최대한 변호하는 변호사 역할, 모든 사실을 종합해서 판단을 내려주는 판사 역할이다. 이중 어느 것 하나도 쉽지 않다. 필요시 선교본부가 개입하는 것은 2심 고등법원에 가는 것과 유사하므로, 팀 내에서 먼저 해결을 보는 것이 좋다.

선교사 갈등의 치료

첫째, 정확한 원인을 규명하라

모든 질병 치료는 원인을 발견하는 것이 첫 단계다. 따라서 갈등도 해결하기 위해서는 그 원인부터 찾아야 한다. 갈등을 일으키는 주요 원인에 대해서는 앞서 이야기했다. 그러나 원인 불명의 질병이 많은 것처럼 갈등의 원인을 찾아내는 일이 간단하지는 않다.

둘째, 믿음과 사랑을 회복하라

흔들렸던 믿음의 중심을 찾고 회복하는 것이 필요하다. 다시금 하나님을 바라보고 큰 마음과 안목으로 갈등과 팀을 보아야 한다. 그리고 예수님이 보여주신 사랑의 모범을 다시 묵상하고, 그동안 실천하지 못했거나 일부 지인들에게만 보여준 사랑과 섬김을 확대하는 계기로 삼아야 한다. 사랑할 수 있는 사람만 사랑한다면 무슨 의미가 있겠는가. 원수도 사랑하고 끌어안을 수 있어야 진정한 사랑이다.

여러 모임을 통해 마음을 정리할 필요가 있다. 기도회와 수련회에 참석하고 개인 기도 시간을 가져보자. 멘토를 만나 이야기를 나누고 관련 서적을 읽는 것도 도움이 된다. 갈등 속에서 겪는 일련의 일들이 사탄의 공격일 수 있음을 인식하자. 마침내 서로 잘못을 고백하고 용서한다면 갈등에서 가장 승리하는 결과를 얻게 될 것이다.

셋째, 비전과 소망을 재발견하라

비전 선언문과 사명 선언문을 다시금 확인하면서 왜 우리가 이곳 선교지에 왔는지 돌아본다. 하나님이 우리 팀의 사역을 통해 이루고자 하시는 일을 바라보면서 현재의 갈등을 극복하고 반전의 기회로 삼는다.

넷째, 팀과 가정을 회복시키고 사역에 복귀하라

갈등 예방, 적극적인 개입, 치료와 같은 모든 노력의 목적은, 하나님이 원하시는 바 팀과 가정을 회복시키고 사역에 정상 복귀하는 데 있다. 갈등을 겪는 과정에서 심리적으로 불안과 스트레스를 겪었기 때문에 통상적 또는 개인적으로 심리 치료가 필요할 수 있다. 환기법(ventilation, 자유로운 토의를 통해 문제를 자각하고 감정을 배출하는 요법), 격려, 위로, 심리치료 등을 활용하고 나아가 정신과 전문의의 상담도 고려한다. 선교지에서 갈등이 일어나면 선교사뿐 아니라 그의 아내와 자녀들도 알게 모르게 상처를 받게 된다. 회복을 위한 도움이 가족 모두에게 필요할 수 있다.

다섯째, 분리도 하나의 방법이다

때로는 심하게 상처 입은 선교사를 팀과 현장에서 일정 기간 떠나 있도록 조치할 필요도 있다. 휴가나 안식월을 주어 잠시 선교지를 떠나 있도록 배려한다. 매우 심각한 상황에서는 선교지 변경, 선교 중지 및 선교부 탈퇴와 다른 선교단체로 이직하는 일도 고려할 수 있다. 전쟁터에서 부상 입은 군인을 가능한 한 후방으로 신속히 철수시키듯이, 선교지에서 갈등이 있고 그로 인해 부상자가 났다면 일단 철수시키는 것이 영적 전쟁터에서 취할 수 있는 하나의 조치다. 조기 출국을 권했지만 선교사가 거부할 경우 선교지에서 더욱 큰 문제를 일으킬 수 있다. 선임 선교사와 후임 선교사 간에 갈등이 심각한 경우, 선임에게 도덕적 문제와 분명한 잘못이 있는 경우를 제외하고는 후임을 철수시키는 것이 맞다고 본다. 신임 선교사 오리엔테이션과 처음 교육 때, 만약의 경우 선교지에서 철수하게 될 수도 있음을 사전에 알리고 인지시켜야 한다.

여섯째, 대립이 평행선을 그을 때 제비뽑기도 하나의 방법이다

사역적 갈등과 제도적 갈등의 경우 대립이 심각한 원인이 될 수 있다. 이런 사안은 회의를 많이, 오래 하다 보면 대립의 골이 오히려 더 깊어질 수 있으므로 이에 관한 대책을 선교본부의 내규 등에 명확히 밝혀 두는 것이 좋다. 내가 가지고 있는 의견이 하나님의 뜻이라고 생각하는데, 상대방도 자신의 의견에 똑같은 입장이라면 양측의 대립은 평행선을 그을 수밖에 없다. 그러므로 두세 번의 회의로도 결론이 나지 않는 안건에 대해서는 더 이상 토의를 진행하지 않고 본부가 개입하여 함께 토론을 한다.

거기서도 여전히 결론이 나지 않는다면 제비뽑기를 생각해 볼 수 있다. 이를 인정하고 용납하는 제도를 미리 마련해 두고, 사전에 선교사들의 동의를 받아 오리엔테이션 때마다 교육한다면, 제비뽑기도 대립으로 인한 갈등을 피하는 하나의 방법이 될 수 있다.

선교사 갈등의 예방

모든 질병은 치료보다는 예방이 우선이다. 시간과 에너지가 훨씬 더 적게 들고 후유증도 없기 때문이다. 갈등을 예방하고 팀을 갈등에 유연하게 대처하는 체질로 만들기 위해 평소에 할 수 있는 일들을 살펴보자.

제도, 교육적 예방

선교본부 차원에서 각 선교사를 선교지 부임 초기부터 철저히 관리해야 한다. 선교사 입장에서도 그런 관리를 요구할 수 있어야 한다. 관리받지 못하는 선교사는 사막에 혼자 떨어진 사람과도 같아 문제를 만나거나 문제를 일으킬 가능성이 높다. 정확하고 충분한 관리는 선교사를 바로 세우며 팀을 부흥시킨다. 그러나 그런 관리를 감당할 관리자가 부족한 것이 우리의 선교 현실이다.

선교사에게 적절한 사역지를 결정해 주고 사역 내용도 각 선교사에게 맞게 조정해야 한다. 모두가 합의한 내규를 따라 기쁘게 일할 수 있도록 하고, 팀 사역에 관한 계약을 맺으며, 매뉴얼도 제공해야 한다.

팀 사역을 하게 될 팀은 사전에 팀 사역에 관한 여러 책자들을 읽고 연구할 필요가 있다. 선교사 훈련과 특별 수련회, 토론, 세미나 등을 통해 팀 사역에 대한 이해를 높이고, 매뉴얼의 내용을 숙지하는 것도 선교사 갈등 예방에 도움이 된다. 다른 선교사들이 겪고 있는 갈등을 익명으로 잘 정리하여 기록해 놓거나, 갈등을 겪어 본 이들이 합심하여 관련 책자나 자료를 만드는 것도 좋은 예방법이다. 갈등을 겪은 이들 한 명 한 명과 면담하고 상황을 분석하여 갈등의 로드맵을 만들 수 있다면 더욱 좋은 교과서가 될 것이다.

영적 예방

선교지에서 일어나는 갈등에 영적인 문제가 빠질 수 없다. 갈등 초기에는 없을 수 있으나 갈등이 전개되고 파국으로 치닫는 과정에서 크게 부각되기도 한다. 그래서 영적 예방이 중요하고 필요하다. 평소에 기도 생활, 말씀 연구, 품성 훈련, 무엇보다 이웃을 내 몸같이 사랑하기를 연습해야 한다. 갈등을 조장하는 사탄에게 틈을 주지 않기 위해 노력해야 한다. 갈등을 겪는 순간에도, 분이 일어나는 순간에도, 죄를 짓지 않고 자신과 공동체를 지키기 위해 최선을 다해야 한다.

실제적 예방

모든 갈등에는 인간적 갈등이 함께 존재하는데, 이를 더욱 극적으로 끌고가는 것이 우리의 말과 혀다. 선교사들은 결국 대화에서 서로 상처를 주고받는다. 적게 말하고 짧게 말하는 것이 현명하며 필요치 않은 대화라면 하지 않는 것이 좋다. 불필요하게 다른 선교사 집에 오래 머물면서 대화하는 것도 주의할 필요가 있다. 대화 시 그 자리에 없는 다른 선교사 이야기는 아예 하지도 말고 듣지도 말아야 한다. 그렇게 듣는 이야기들은 사실과 다를 때가 많고, 사실일지라도 과장된 경우가 많다.

그리고 나와 함께하는 구성원들이 어떤 사람들인지 아는 게 중요하다. 사람의 유형에 따라 갈등이 생기는 이유가 달라지기 때문이다. 상대방을 많이 알수록 그에 대해 더 신뢰하고, 덜 실망하게 된다. 바람직한 유형들은 축복하고, 부족한 유형들은 나은 방향으로 변화하도록 서로 보완하고 수용해야 한다. MBTI(Myers-Briggs Type Indicator)나 DISC(Dominance, Influence, Steadiness, Conscientiousness) 성향 테스트 등 성격 및 기질 유형을 분석하는 다양한 도구가 있으므로 이를 활용해도 좋다.

하지만 주변 사람들이 바라보고 생각하는 나에 대해 들어보는 것도 좋은 방법이다. 이를테면 남편에 대해서는 누구보다 아내가 잘 알지 않겠는가. 선교 현장에서 해볼 수 있는 간편한 방법으로 팀원들이 함께 모여 돌아가면서 얘기 나누는 방식을 제안한다. 간단한 체크 리스트를 읽고 자신이 어디에 해당하는지 표시해 놓았다가, 한 명씩 돌아가며 이와 관련해 자신에 대해 설명하고 이야기하는 시간을 갖는다. 대개 열 바퀴 정도 돌아가며 이야기하면 자신의 모습이 드러나고 다른 사람의 모습에 대해서도 어느 정도 파악하게 된다. 그런 다음, 자신이 싫어하는 일과 잘 못하는 일을 돌아가면서 하나씩 이야기한다. 이전보다 훨씬 더 구체적으로 팀원들의 유형과 기호에 대해 알게 될 것이다.

현장에서 만나는 선교사 유형들

선교사 유형을 주변 사람과 관계 맺는 방식과 일하는 기본 방식 두 가지 기준으로 나누어 보았다. 먼저, 주변 사람과 관계 맺는 방식이다.

주변 사람과 관계 맺는 방식에 따른 구분

병 주고 약 주는 유형

선교사 중에는 다른 사람들에게 병 주고 나서 이를 깨닫고 약 주는 유형이 있다. 이런 유형은 태도에 변화를 보이는데, 처음에 갈등을 일으키기는 하지만 나중에 상대방에게 사과하거나 위로를 전하며 관계를 이어나가려고 노력한다. A선교사는 종종 아내나 팀원들에게 큰 소리를 내고 핀잔을 주기 일쑤지만, 곧 잘못을 깨닫고 불편한 분위기를 풀기 위해 맛있는 식사 자리를 마련하거나 깜짝 이벤트를 준비한다. 하지만 이와 같은 일이 반복된다면 약은 점차 효력을 잃을 것이고,

약을 주지 않은 것보다 못한 상황이 생길 수 있다.

병 주고 약 안 주는 유형

병을 주면서 약은 전혀 주지 않는 유형이다. 애당초 상대방에게 병을 준 적이 없다고 생각하기에 약을 안 주는 유형도 있다. B선교사는 회의할 때 뜻대로 되지 않으면 자기도 모르게 표정이 굳거나 언성이 높아진다. 상대방에게 상처 주는 말도 서슴지 않는다. 그리고 나서 회의가 끝나면 아무 일 없었다는 듯이 행동한다. 그에 관해 조언을 해주어도 대수롭지 않게 여긴다. 주변 사람들만 답답해한다. 원래 그런 사람이라 생각하며 아예 포기하기도 한다.

병도 안 주고 약도 안 주는 유형

일반적으로 무난해 보이는 유형이다. 재미도 없고 변화도 없다. 그러나 전혀 상관없는 사람이라면 모를까 실제로 교류하는 관계에서 이렇게 되기가 쉽지 않다. 병을 주고받는 게 정상이다. 그러므로 우리는 상대에게 약을 주는 법도 배워야 한다. C선교사는 사람 사이에 늘 거리를 둔다. 다른 사람의 일에 깊이 개입하지 않는다. 과거의 경험상 그렇게 하는 것이 관계를 오래 유지할 수 있는 방법이라고 생각한다. 상처를 주는 일도, 받는 일도 없다. 병을 안 주니 약을 줄 필요도 없다. 하지만 무미건조한 관계가 공허하게 느껴지고, 속깊은 얘기를 털어놓을 누군가가 그리워질 때가 있다. 본의 아니게 다른 사람에게 상처를 주는 일이 생겨도 어떻게 약을 줘야 할지 몰라 힘들어한다.

병 주고 다른 약 주는 유형

이런 사람은 약을 잘 주지도 않을 뿐더러 어쩌다 주더라도 엉뚱한 약을 주어 치료에 전혀 도움이 안 된다. D선교사의 언행에 상처를 입고 힘들어하는 사람이 있었다. 어느 날 D선교사는 그를 부르더니 "요새 힘들어하는 것 같은데 이 목사님 설교 한번 들어보게. 아마 도움이 될 걸세"라고 말했다. 자기 때문에 힘들어하는 줄 모르고 엉뚱한 데서 원인을 찾은 것이다. 자신의 문제가 뭔지 모른다는 점에서 두 번째 유형과 비슷한 면이 있다.

일하는 기본 방식에 따른 구분

일 중심의 유형

일 처리를 우선으로 생각하는 유형이다. 원하는 결과를 내기 위해 치밀하게 계획을 세워 실행하며 정한 기한을 잘 지킨다. 그 과정에서 사람을 소홀히 대할 수 있으며 심하게는 소모품으로 여기는 경향도 있다. 일이 뜻대로 진행되지 않으면 쉽게 주변 사람을 탓하고 크게 좌절하는 경향이 있다.

사람 중심의 유형

기본적으로 사람을 좋아하고 관계 형성을 우선시하는 유형이다. 일의 진행과 결과보다는 사람을 만나 먹고 이야기하고 교제하는 것을 좋아한다. 이런 사람들이 많은 팀은 대체로 분위기가 좋지만, 일은 비교적 더디게 진행되는 편이다.

과정 중심의 유형

주로 서구 사람들에게서 찾아볼 수 있는 유형으로 시간이 얼마나 걸리든 개의치 않고 과정 자체를 즐기며 목표를 향해 나아간다. 알바니아에서 만난 한 미국 선교사는 만날 때마다 집시에 관한 연구를 하고 있다고 말했다. 6년째 같은 얘기였다. 투자했으면 금세 성과를 내야 하고, 속전속결을 유능함으로 생각하는 문화에서는 생각하기 힘든 일이다. 우리나라 선교의 장기적인 발전을 위해서는 과정 중심의 사람들이 더 많이 나올 필요가 있다.

결과 중심의 유형

다른 무엇보다 결과에 집착한다. 결과를 가장 중히 여기므로 결과를 잘 만들기 위해 노력한다. 대개의 경우 그런 노력으로 좋은 결과를 내지만, 그렇지 못하면 매우 좌절할 수 있는 유형이다.

혼합형

위의 유형들이 혼합되어 있는 유형으로 매우 일반적이고 보편적인 성향을 띤다. 팀 사역에서는 이런 유형이 팀장을 하는 것이 유리하다고 본다.

인간의 행동이 다양한 이유는 저마다 인식하고 판단하는 특징이 다르기 때문이다. 내가 어떤 사람인지, 상대방이 어떤 사람인지 아는 게 중요하다. 상대방에게는 틀림이 아닌 다름을 인정하고, 나 자신에게는 틀림을 인정하는 데서 변화가 시작된다.

이와 같이 사람의 유형을 알아볼 때 기억해 둘 것이 있다. 못하는 영역, 싫어하는 유형이 반드시 불필요하고 나쁘기만 한 것은 아니라는 점이다. 평소에는 부정적일 수 있는 유형이라도 특수한 상황에서 좋은 효과를 내기도 한다. 다음에 소개하는 내용이지만, 위기 시에는 팀에 독재형이나 독립형의 사람이 필요하기도 하고, 스트레스가 심하고 소동이 일어난 상황에서는 어느 정도 무감각한 유형이 도움이 된다. 규정형은 팀 전체의 질서를 유지하려는 한 축으로 작용할 수 있으며, 유행형은 다른 팀원들에게 새로운 정보의 창구가 되어 줄 수 있다.

다음은 사역 현장에서 다소 부정적으로 보일 수 있는 선교사들의 유형을 분류해 보았다.

마이동풍형 : 내 길을 간다

남의 말을 귓등으로 흘리며 자기가 옳다고 생각한 대로 밀고 나가는 유형이다. 자기 의욕은 넘칠지 모르나 동료들의 의욕을 꺾기 쉽다.

독재형 : 나만 따르라

주로 경험이 많고 다양한 사역을 오래한 선임 선교사에게서 많이 찾아볼 수 있는 유형이다. "내가 해봐서 아는데"라는 말을 달고 산다.

지시형 : 내일까지, 다음주까지

주변 사람들에게 일일이 지시하는 유형이다. 교사가 학생들을 지도하듯이 팀을 운영한다. 사역 초기에는 그러지 않다가 차츰 지시형으로 바뀌는 경우가 있다.

회의형 : 회의해야지, 회의

간단히 대화하거나 즉석에서 결정할 수 있는 문제도 정식으로 회의해서 정하려 한다. 시간과 에너지 소모가 많아 팀원들이 힘들어한다.

유행형 : 이런 게 최신식 선교인데 말이야

본국에서 오는 선교 관련 도서나 간행물을 내밀면서 늘 새로운 형태의 사역을 주장한다.

신토불이형 : 나 한국 사람이야

국제 모임에 가도 한국 선교사들끼리 식사하고, '한국식이 최고지' 하며 선구 선교사들의 방식에 비판의 날을 세운다. 정작 자신이 아는 좋은 방법은 제안하지 못한다. 영어에 약하기도 하고, 서구 문화에 익숙하지 않아서이기도 하다.

변화 기피형 : 구관이 명관이야

사역 초기에는 대개 갈렙처럼 도전적이고 개척 의식이 강하지만, 사역이 어느 정도 안정기에 들어서면 변화를 기피하게 된다. 그동안 얻은 경험과 결과에 만족하고 안주하려 한다.

소극적 수동형 : 거기서는 이렇게 하는데

예전에 선교훈련원에서 이렇게 교육받았고, 선교본부에서는 이렇게 일하니 그대로 해야 한다는 얘기를 반복한다.

무감각형 : 다 잘 될 거야

누군가가 문제 제기를 해도 무시하거나 귀담아 듣지 않는다. 괜한 불평이라 생각하며 응답과 변화를 기피한다. 그러다가 사람들에게 자신이 기피당하는 일이 생긴다.

독립형 : 내가 다 감당할게

정보를 독점하고 일도 혼자 처리하는 것을 선호한다. 파트너십보다는 자신의 능력을 더 높게 평가하는 경향이 있다. 책임감이 강해 좋아 보이지만 독단으로 행동하다가 일을 그르치거나 좌절할 수 있다.

규정형 : 규정대로 하자고, 규정

선교 현장은 변수가 많은 곳이다. 원칙에 입각해 공통된 핵심 내용만 담은 선교본부의 규정만으로는 현지의 변화에 발맞추기 힘들 때가 있다. 본부의 정관과 내규에 입각해 현장의 실정을 반영한 내규를 팀원과 함께 만들고 유연하게 적용하는 것이 바른 방향이다.

나는 어떤 유형의 선교사일까?

다음은 이 책에서 소개한 선교사 유형을 바탕으로 자신이 어떤 유형인지 돌아볼 수 있게 만든 항목들이다. 자신에게 해당하는 사항이 있는지 각자 가볍게 돌아보며 표시한 후, 팀원들과 함께 돌아가며 자신에 대해 이야기하는 시간을 가져보자. 필요에 따라 항목을 더 만들어 사용해도 좋다.

화가 나면 참지 못하지만 돌아서서 바로 후회하는 편이다. ☐
화나는 일이 있어도 표현하지 못하고 혼자 삭이는 편이다. ☐
나 때문에 속상해진 사람의 마음을 풀어 주기 위해 이벤트를 준비한 적이 있다. ☐
나는 별일 아니라고 생각했는데 주변 사람에게 진지하게 잘못을 지적받은 적이 있다. ☐
나는 누구와 다툰 적도 없지만, 속깊은 얘기를 나눈 적도 없다. ☐
주변에 나 때문에 힘들어하는 사람이 있을 것 같다. ☐
주변에 나 때문에 행복해하는 사람이 있을 것 같다. ☐
나는 해야 할 일을 먼저 하고 쉬는 편이다. ☐
나는 짬짬히 쉬면서 일하는 편이다. ☐
마감해야 하는 일을 앞두고는 친구를 만나지 않는다. ☐
나는 혼자 계획을 세우고 하나 하나 실행해 나가는 것을 즐긴다. ☐
나는 여러 사람과 토의하며 일을 진행하는 것이 좋다. ☐
내가 할 수 있는 일을 최고로 해내는 것이 가장 중요하다. ☐
여러 사람과 협력하여 함께 이루어 가는 일이 재미있다. ☐

여가 시간에 독서나 음악 감상, 사색 등 혼자 즐기는 일을 한다. ☐
여가 시간에 사람을 만나 이야기하고 노는 게 즐겁다. ☐

많은 친구들과의 떠들썩한 만남이 좋다. ☐
소수 친구들과의 깊이 있는 만남이 좋다. ☐

구체적인 결과물이 없는 일은 하고 싶지 않다. ☐
결과물이 다소 실망스러워도 과정이 의미 있었다면 만족한다. ☐

동료들이 나의 일하는 속도를 따라오지 못하는 것 같아 답답한 적이 있었다. ☐
동료의 일하는 속도를 따라가지 못하는 것 같아 불안한 적이 있었다. ☐

반대 의견에 부딪히면 짜증이 난다. ☐
다른 사람의 비판과 지적을 잘 받아들이는 편이다. ☐

나는 경험을 중요시한다. ☐
나는 직관적인 판단을 중요시한다. ☐

다른 사람에게 일을 맡기는 것보다 내가 직접 하는 게 마음 편하다. ☐
나는 배우기를 좋아하며 다른 사람에게 가르치는 일도 좋아한다. ☐

나는 최신의 정보에 민감하다. ☐
나는 전통과 경험을 중요하게 생각한다. ☐

힘에 벅찬 일을 자원해서 하다가 후회한 적이 있다. ☐

불평, 불만은 핑계 대기 좋아하는 사람의 전유물이라고 생각한다. ☐
불평, 불만은 발전적 변화의 시작이 될 수 있다고 생각한다. ☐

사역을 할 때 원칙과 규정에 충실해야 한다. ☐
사역 현장에서는 규정보다 융통성이 더 중요하다고 생각한다. ☐

팀 사역에서 이것만은 피하자

전설 자랑은 이제 그만!

선임 선교사들은 선교지에 처음 들어와 개척자로서 문화 충격과 스트레스를 받는다. 특히 선교 초기에는 상황이 여러 모로 열악해 선교사들이 의식주와 비자 문제를 해결하고 정착하는 과정에서 정말 어려운 일들을 많이 경험한다. 그런 힘든 시기를 지나며 겪은 일들은 일종의 전설이 된다. 물론 그 시기에 선임 선교사가 고군분투한 점은 칭찬과 인정을 받아 마땅하다. 그러나 후임 선교사는 이전의 일들을 잘 알지 못하며 공감하기 힘든 점이 많다. 그런 후임 앞에서 자신이 과거에 얼마나 힘들게 정착했고 일했는지 자꾸 이야기하는 것은 좋지 않다. 그만큼 고생한 나를 존경하고 따르라, 너희도 그만큼 수고하라는 본의 아닌 압력이 될 수 있다.

나는 1993년에 알바니아에 입국했다. 당시 전기와 물과 전화 등 기반 시설이 거의 없는 곳에서 겨울마다 몹시 춥게 지내야 했다. 그야말로 먹고사는 일에 사용하는 시간과 에너지가 적지 않았다. 반면에 2000년대 후반에 온 선교사들은 큰 쇼핑몰도 생기고 사회적 인프라가 상당히 갖추어졌을 때 와서 알바니아의 힘들었던 과거를 잘 알지 못한다. 어느 날 1999년에 온 한 선교사가 우리 앞에서 "저 후임 선교사들은 참 편한 시절에 왔어. 우리 부부는 얼마나 힘들게 지냈는데 저렇게 고생을 모르니" 하면서 혀를 찼다. 머릿속에 스쳐가는 생각을 막을 수는 없지만 흐르는 강물처럼 선교지의 세월도 흐른다는 것을 선임 선교사들이 지혜롭게 인식하고 과거의 전설은 아름다운 추억으로 남겨두는 것이 후임 선교사들에게 덕이 된다.

전체 사역 – 선임 선교사의 사역 = 후임 선교사의 사역

이 공식은 전체 사역에서 선임 선교사의 사역을 뺀 나머지 모든 일이 후임 선교사의 몫이라는 뜻이다. 선교지에서 흔히 있는 일이다. 후임은 선임이 맡고 난 나머지 일을 맡거나, 선임이 잘 못하는 일을 하거나, 선임이 자리를 비웠을 경우 때우는 식의 사역만 한다는 개념을 고쳐야 한다.

어느 시골 지역에 선임과 후임이 같이 사역을 하러 갔다. 선임은 평소 하던 대로 전체 예배 시간에 설교를 했다. 그런데 어린이 예배의 설교가 준비되지 않았다. 선임은 당연히 후임이 준비했을 것으로 생각하고 있었다. 그러나 그런 부탁을 받지도 않았고, 그 분야에 달란트도 없었던 후임은 선임의 갑작스런 지시를 받고 어린이 예배에 들어가야 했다. 그는 얼결에 설교를 하고 내려왔지만 기분이 좋지 않았다. 그 후로 후임은 그 지역에 더 이상 선임과 같이 나가지 않았다.

"도우러 왔다"에 대한 이해와 오해

선교지에서 선임 선교사들에게 흔히 듣는 이야기가 있다. 후임 선교사들이 사역을 도우러 왔다고 하면서 실제로는 돕지 않는다는 것이다. 이에 후임 선교사들도 할 말이 있다. 도우려고 했지만 막상 무엇을 어떻게 도울지 막막하다는 것이다. 누구에게 문제가 있는 것일까? 이것은 누구의 잘못 때문이 아니라 우리나라의 문화와 정서 때문에 생긴 문제다.

여기서 선임이 말하는 도움이란, 후임이 선임이 시키는 일들을 무조건하거나, 선임이 잘하지 못하는 사역을 맡아서 불평없이 충성스럽게 해주는 것을 의미한다. 한편 후임이 말하는 도움이란, 선임이 나의 존재와 가치를 인정해 주고 그에 맞는 정확한 역할 분담과 권위를 주면 얼마든지 열심히 도울 준비가 되어 있다는 것이다.

둘 사이의 미묘한 차이를 좁히기 위해서는 서로가 마음을 열고 나누어야 한다.

첫째, 선임은 육하원칙을 따라 도움의 의미를 구체적으로 밝혀야 한다. 선임은 역할 분담과 이에 관한 정보를 되도록 정확히 나누어야 한다. 예를 들어 "앞으로 6개월 동안 우리 팀의 행정 일을 하루 두 시간씩 교회에 나와서 해주면 좋겠다", "앞으로 1년 동안 매주 토요일 청년예배에서 설교와 성경공부를 맡아 주기 바란다" 하는 식이다.

둘째, 후임은 적극적이고 열린 자세를 갖고 대화에 임해야 한다. 선임들은 후임이 온 것을 반가워하며 후임에게 다양한 요청을 할 것이다. 일단은 선임의 요청을 다 들은 후 배우자와 상의하고, 되도록 선임과 현지 사역에 도움이 되는 방향으로 응답하는 게 좋다. 다만 자신의 은사와 무관한 일, 자신의 사역과 가정과 자녀들에게 무리가 되지 않는 범위에서 결정해야 한다.

셋째, 선임과 후임 모두 오랫동안 지속적으로 해야 하는 일에 대해서는 심사숙고해야 한다. 선임은 후임을 이용하려거나 도움을 당연시하는 생각을, 후임은 선임의 요청이니 어쩔 수 없이 맡아야 한다는 생각을 내려놓고 수평적 관계에서 대화해야 한다.

넷째, 선임은 후임의 역할이 기쁘고 가치 있는 일이 되도록 배려해야 한다. 행정 일을 맡기려면 정확히 구분된 장소를 제공해야 한다. 사역을 맡기려면 그동안의 일들을 정리해서 알려주고, 그 사역으로 예상되는 결과와 열매들을 공유하며, 사역 시 발생하는 비용을 지급하는 등 후임이 열정적으로 일할 수 있는 여건을 마련해 주어야 한다. 순종이니 충성이니 하는 말로 두루뭉실하게 넘어가서는 안 된다.

다섯째, 위의 내용들을 문서로 만들어 토의하며 조정하고 상호 서명한다. 문서를 근거로 정확히 도움을 주고받는 습관을 들여야 한다.

여섯째, 문서화된 상호 관계를 대외적으로 명확히 알려야 한다. 파송 교회와 선교본부와 선교 현지의 관련된 이들에게 문서화된 내용을 알려서 잘못된 정보와 오해가 생기지 않도록 한다. 내가 후임이던 시절에 선임 선교사의 교회에서 단기 선교를 왔는데, 단기 선교팀 책임자가 무슨 말을 어떻게 들었는지 모르겠지만 "선임을 도와주어 고맙다"라는 인사를 건넸을 때 뭐라고 답해야 할지 몰라 당황했던 기억이 있다.

목사와 부목사, 여전도사, 집사, 평신도의 구분

목사 출신이 아닌 선교사들, 이른바 전문인 선교사들이 늘어나고 있지만, 선교지에 나가 있는 대부분의 선교사들을 보면 여전히 목회자 출신이다. 목사 선교사가 선임으로 있는 경우 대개 선임 목사 선교사는 담임목사, 후임 목사 선교사는 부목사, 여성 독신 선교사는 여전도사, 전문인 선교사는 집사, 단기 선교사는 평신도로 구분되는 구조를 갖는다. 아무것도 합의하지 않았음에도 불구하고 한국의 교회 구조를 따라 선교팀도 저절로 그렇게 구성되는 것이다.

선교사들이 모두 한 교회에서 파송을 받았으면 현지에서도 그런 구분을 할 수 있다. 그러나 대부분의 선교사들은 각기 다른 교회에서 파송되었다. 선교부 규정을 보아도 목회자를 중심으로 수직적인 교회 구조를 갖추어야 한다는 내용이 없다. 각기 부르심을 따라 이국 땅에 온 선교사들은 엄밀히 말해 선임 목사 선교사의 사역을 도우라고 파송된 게 아니다. 그러므로 현지의 필요와 각각의 전문성과 은사와 달란트를 따라 사역을 하는 것이 맞다. 현지에서 어떤 형태로든 함께 사역하기 위해서는 상호 합의가 필요하며 이는 일방적으로 결정할 사항이 아니다. 사역하기 위해 상호 합의한 내용에는 사역의 열매를 배분하는 방법까지 들어 있어야 한다.

소유권 주장

대부분의 팀 사역은 선임 선교사가 이미 현장에 만들어 놓은 건물과 사역 안에서 시작하는 것이 보통이다. 그 건물은 선임이 대표로 되어 있는 단체명이나 개인 이름으로 등록되어 있을 것이다. 사역도 선임이 거의 다 틀을 짜서 개척한 형태다. 현지인들도 선임과 깊은 관계를 맺고 있을 것이다. 그러므로 정말 독특한 영역에 사역하지 않는 한 후임은 상당 기간 동안 선임의 영향력 아래에서 사역을 할 수밖에 없다. 이 기간에 이루어지는 많은 사역과 열매를 선임은 모두 자신의 공으로 생각하는 것이 보통이다. 함께 사역했던 후임 선교사가 그 일을 자신이 파송받은 교회에 보고하고 선교 편지에 기록하는 것을 선임 선교사가 인정하는가 그 여부를 보면 선임이 평소 이에 대해 어떻게 생각하는지 단적으로 드러난다.

선교지 교회에서 오랫동안 어린이 사역을 잘해온 한 독신 선교사가 있었다. 그녀는 누가 시켜서 이 일을 한다는 생각은 한 번도 한 적이 없었다. 부르심을 따라 헌신해 온 시간이었다. 그러나 어린이 사역을 전체 교회 사역에서 구색 맞추는 정도로만 생각하고, 그마저도 모두 자신의 성과로 여기는 선임 선교사의 태도에 크게 실망했다. 결국 독신 선교사는 그동안 선임 선교사와 함께해온 사역을 포기하고 외부에 다른 어린이 지원 기관을 만들어 다시 사역을 시작했다.

기득권 내려놓기

선임 선교사는 대개 현지에 일찍 와서 많은 고생을 하면서 다양한 길을 개척해 놓는다. 언제라도 도움을 구할 수 있는 현지인, 비자 업무, 자동차와 관련된 일, 은행 일 등 각종 생활 영역에 필요한 정보와 인맥을 가지고 있다. 그런 것들이 모두 기득권이다. 그로 인해 초기에 후임에게 선임의 도움은 거의 절대적이고 후임은 선임에게 의존할 수밖에 없다. 선임은 자신이 가지고 있는 이런 자산들을 후임에게 영향력을 행사하는 데 사용하지 말고 거저 받았으니 거저 준다는 마음으로 조건 없이 나누어야 한다. 수개월, 수년 후에는 선임도 후임이 확보한 관계와 정보의 덕을 볼 날이 올 것이다.

어느 날 후임이 선임과 잘 알고 지내오던 현지인을 직접 만나서 도움을 받고 친하게 다니는 모습을 보면 선임의 기분이 이상해진다. 후임이 선임의 도움 없이 여러 모로 자립하는 모습을 보아도 묘한 생각이 든다. 그러나 커 나가는 후임을 기꺼운 마음으로 지켜보는 것도 선임이 해야 할 일이다. 후임이 일을 진행하다가 실수하면, 그것을 당연히 여기고 자신의 경험을 들어 조언하고 돕는 것도 선임이 할 일이다.

선임은 실망, 후임은 좌절과 정체성 혼란

선임 선교사와 후임 선교사의 관계는 일정 시간이 지나면 기쁨과 격려가 되기보다는 실망과 좌절이 되기 쉽다. 후임을 맞이해 처음 기대에 부풀었던 선임은 이후 후임이 보여주는 말과 태도, 행동에 실망하게 된다. 열심히 섬겼는데도 돌아온 것이 적거나 없다는 생각이 들 경우 배신감마저 느낄 수 있다. 한편 후임도 한국에서 만날 때는 친절하고 최선을 다하던 선임이 선교지에서는 다른 모습을 보이고, 후임들을 대하는 태도가 달라진 것을 민감하게 받아들이게 된다. 현지에 적응하는 과정에서 일어날 수 있는 여러 일들에 부정적인 반응을 보이게 된다. 어차피 사역을 위한 일인데도 하나 하나 선임에게 말하고 사전 양해를 구하는 것도 답답한 노릇이다. 그렇게 하지 않을 경우 선임이 언짢게 생각하는 것을 보면서 실망하거나 좌절하게 된다.

상명하복의 군대 문화

우리나라는 예로부터 나이 많은 사람, 먼저된 사람과 상급자를 우위에 놓고 옳고 그름의 판단없이 무조건 따라오거나 순종하는 것을 미덕으로 여기는 경향이 있다. 윗사람을 순순히 따르지 않거나 질문하거나 이의 제기하는 것을 좋게 보지 않는 것이 우리의 정서에 자리 잡고 있다. 후임이 어떤 질문을 하거나 반대를 하면 "네가 얼마나 선교를 안다고", "얼마나 선교지에 있었다고", "우리 조직에 대해 뭘 안다고" 하는 소리를 듣기 십상이다.

더욱이 현지 디렉터나 팀장이나 그밖에 책임 있는 역할을 맡으면 태도와 자세가 더 경직되고 권위적이 되어 팀원들의 제안과 반대를 싫어하게 된다. 아이러니한 것은 그런 모습을 좋게 보지 않은 이들이 막상 선임이 되거나 그 자리에 앉으면 비슷한 길을 간다는 것이다. 팀 사역을 제대로 하려면 우리 안에 뿌리 박힌 이런 잘못된 문화를 인식하고 고쳐 나가야 한다.

관계 문화와 섭섭증

우리나라는 관계 중심의 문화다. 가족, 친척, 교회, 학교, 고향, 군대, 직장과 같은 다양한 네트워크에 연결되어 있지 않은 사람이 없다. 사실 어디에라도 하나 연결이 되어 있으면 아무래도 더 아끼고 배려하며 친절과 도움을 베풀게 된다. 이런 관계 형성을 나쁘다고 할 수는 없다. 앞서 말했듯이 선교지에서는 오히려 득이 된다. 하지만 부작용도 생각해야 한다. 관계가 더 깊은 누군가를 편애하면 거기에 속하지 못한 다른 사람은 소외감을 느끼게 마련이다. 친분이 있어 도움과 배려를 받은 후임의 입장에서도 상대에게 싫다는 표현이나 반대하는 말 혹은 행동을 하기가 어려워진다. 도움을 준 선임의 입장에서도 '내 사람'인 줄 알았던 사람이 어느 날 자신에게 반기를 들면 섭섭함을 느끼면서 오히려 그와 더 거리를 두게 될 수 있다.

선교사의 분노 이해: 육체적, 심리적, 영적 스트레스

선교사 갈등의 예방은 평소 선교사 안에 쌓여 있는 분노를 이해하는 일에서도 시작할 수 있다. 선교사들이 선교지에서 살면서 일반적으로 분노하는 순간들은 다음과 같다. 현지인과 관련된 분노는 대부분 문화 차이에서 비롯된다.

- 비자와 허가 업무가 뜻대로 되지 않을 때
- 관공서의 일 처리가 지연될 때
- 현지인 동역자에게 부탁한 일이 제대로 되어 있지 않을 때
- 외국인이라는 이유로 현지의 집주인이나 거래처 사람이 계약 관련

일을 부당하게 처리할 때
- 상인, 행인 등 현지인들에게 차별 대우를 받을 때
- 자녀들이 학교에서 놀림이나 괴롭힘을 당할 때

사역과 관련해 분노하게 되는 순간들도 있다.

- 믿어 온 사람들에게 배신당했을 때
- 현지인 신자에게 비난을 들을 때
- 교회, 선교본부, 주변으로부터 오해를 살 때
- 호의로 도와주었는데 도움받은 사람들의 태도가 예상과 달리 좋지 않았을 때
- 선교지의 상황이 갑자기 변화할 때

선교사들 안에 분노가 많다는 것은 어제 오늘의 일이 아니다. 정성을 다해 시간과 에너지를 투자했지만 마지막에 배신하고 떠난 현지인, 안식년 때에 집을 맡기고 갔더니 물건을 팔아먹은 교인, 믿음보다는 선교사가 제공한 도움만 구하는 얌체 같은 현지인, 잘 키워 놓은 인재인데 안식년을 갔다오니 자기 사람으로 만들어 버린 동료 선교사, 지시대로 하지 않고 늘 자기 방식으로 일 처리를 하는 일꾼들, 한번 물건을 빌려 가면 돌려주지 않는 지인 등 너무나 많은 일과 사람들이 선

교사를 분노로 몰고간다.

선교사들의 스트레스 지수가 매우 높다는 것은 잘 알려진 일이다. 보통 스트레스 지수를 0에서 100으로 보았을 때 배우자 사망의 스트레스 지수가 100이며, 여러 스트레스 지수를 합산해 삶의 적응력을 예측하는 통계 자료가 있다(참고. T. H. Holmes and T. H. Rahe, "The Social Readjustment Rating Scale," *Journal of Psychosomatic Research*, 11:213, 1967). 한국 성인들의 스트레스 지수 합산이 보통 40-50인데 비해 선교사들의 평균 지수는 150이라고 하는 강의를 들은 적이 있다. 그러니 선교사들이 여기에 다른 작은 스트레스만 더 받아도 크게 영향을 받을 수밖에 없음을 알 수 있다.

선교사를 이해하는 접근 방법 가운데 하나가 선교사를 한 사람으로, 즉 육체적, 심리적, 영적인 존재로 보는 것이다. 선교사들은 보통 영적 지수가 높은 것에 비해 육체적 지수와 심리적 지수는 낮은 편이다. 육체적 지수에는 건강관리, 휴식, 운동, 정상적인 생활 등이 모두 포함된다. 그런데 이런 일들을 멀리하거나 무시하거나 아니면 시간이 없다는 이유로 규칙적으로 돌보지 않기 때문이다. 그나마 육체적 지수는 그 중요성을 인정해도 심리적 지수는 아예 인정하지 않는 경우가 많다. 그러나 심리적 지수가 미약한 경우 스트레스를 받거나 갈등이 있을 때 퇴행적이고 극단적인 감정이 표출될 수 있다.

실제로 한 유명한 영적 지도자는 평소 자신도 모르게 자주 화를 냈다. 나중에야 다른 사람들의 조언을 받아들여 규칙적으로 여가와 휴식을 즐기고, 다른 사람들과 정기적으로 운동하기 시작했다. 그러면서 심리적으로 여유를 갖게 되었고 스트레스에 덜 노출되면서 화를 내는 일이 줄어들었다.

갈등의 많은 경우는 진실보다는 감정적인 상처들로 인해 헤어지는 파국을 맞는다. 평소 육체적, 심리적, 영적 스트레스 지수를 잘 다스려 놓아야 갈등이 생겼을 때 극단적인 감정을 자제하고 정상적인 심리 기전이 작동하여 마음의 상처를 덜 입을 수 있다. 그리고 회복과 복귀가 빨리 이루어진다.

선교사를 위한 ABC 클리닉에서 선교사 진료 및 상담 후 (2000년)

신자의 진정한 모델은 예수님이다.
선교지 현지인들은 그 모습을 선교사들에게서 찾는다.
실제로 선교사들은 일정 기간 그들의 부모 역할을 하지만,
되도록 빨리 그 자리를 떠나는 것이 좋다.
우리가 모델이 아니라는 사실을 금세 알아차릴 것이기 때문이다.
우리에게 필요한 것은 부성이 아니라 다만 진실한 파트너십이다.

8. 성경의 인물들에게서 배운다

갈등을 예방하기 위한 대처 방식 또는 원리에 모범을 보인 사례를 성경 인물들에게서 찾아보겠다.

하나님의 약속을 바라본 아브라함

아브라함은 갈대아 우르를 떠날 때에도, 하란을 떠나 가나안으로 갈 때에도 조카인 롯을 데리고 갔다. 아브라함이 가나안에 와서 살 때 하나님은 그에게 복을 많이 주셔서 양과 소와 종들이 크게 불어났다. 문제는 조카 롯의 가축도 크게 늘어나 두 세력 간에 영역 싸움이 벌어진 것이다. 이런 갈등 상황에서 아브라함이 어떻게 처신했는지 보며 교훈을 얻어 보자(창 13:1-11).

첫째, 현지인들이 다 들으며 보고 있다

창세기 13장 7절을 보면 가나안 사람과 브리스 사람들이 거기에 같이 거하고 있다. 그들은 한 가족이 싸운다는 소식을 잘 듣고 있었다. 그들의 입에 이 문제가 회자되고 있었다. 다들 어떻게 결말이 날 것인지 기다렸다. 마찬가지로 오늘날 선교사 사회의 주변에도 현지인들이 가득하다. 그들 중에는 예수님을 안 믿는 사람도 있다. 선교사들끼리 충돌하면 그 소식은 반드시 현지인들의 귀에 들어가며 그들 사이에 좋지 않은 영향을 미친다. 아브라함은 그런 결과와 영향을 예측했다.

둘째, 그리스도 안에서 한 가족이다

아브라함은 롯이 어떤 경쟁자나 갈등의 상대가 아니라 골육이라는 인식을 분명히 했다(8절). 요즘 보면 재산 상속 문제 앞에서는 형제도 자매도 부모도 없다. 골육 무시 또는 골육 초월이다. 실제로 골육이 더 중요하다는 것을 사람들은 늙어서 깨닫는 것 같다. 선교사들에게도 필요한 것이 골육 인식이다. 사실 선교사들은 육신적으로는 골육이 아니다. 그러나 우리는 그리스도 안에서 새 사람이 되었고 한 형제자매로 부르심을 받은 새 가족이다. 이 새 가족은 오히려 육신의 가족보다 더욱 가깝고 강하다. 내 주변의 모든 선교사들이 모두 하나님이 사랑하시는 나의 가족들임을 잊지 말자. 그것에 우리의 가치를 두자.

셋째, 양보하고 포기할 준비를 하라

아브라함은 다툼이 일어나지 않기를 강력히 희망했다. 이미 목자들 사이에서 다툼이 시작되었지만 더 확대되기를 원하지 않았다. 그는 다툼이 하나님 앞에서나 골육 사이에서 옳지 않음을 알고 있었다. 그래서 다툼을 피하기 위해 자신이 희생을 치를 준비를 했다. 그것이 양보였고 포기였다. "네 앞에 온 땅이 있지 아니하냐 나를 떠나가라 네가 좌하면 나는 우하고 네가 우하면 나는 좌하리라"(9절). 그런 결단 덕분에 아브라함과 롯, 두 세력 간의 다툼을 피할 수 있었다. 선교사 사회에서 일어나는 다툼은 어떤 형태로든 옳지 않다. 그러므로 피하는 것이 옳다. 그 다툼을 피하기 위해 당신은 어떤 양보와 포기를 하겠는가. 상대방에게 양보와 포기를 요구하지 말고 나 자신이 해야 한다. 그러면 문제가 해결되고 하나님의 복이 기다린다.

넷째, 하나님이 주신 것을 믿으라

처음 가나안에 왔을 때 아브라함은 기근을 피해 애굽으로 간 적이 있었다. 그곳에서 목숨을 부지하기 위해 바로 왕에게 아내 사라를 누이동생이라고 거짓말했다가 빼앗길 뻔한 일을 겪는다. 다행히 하나님이 바로 왕에게 잘못을 깨닫게 하셔서 아브라함은 아내와 함께 많은 재산을 받고 그곳을 떠나올 수 있었다(창 12:10-20). 그 일로 크게 부끄러움을 당한 아브라함은 하나님에 대한 믿음을 새로이 할 수 있었다.

그는 자신이 현재 소유한 많은 것들이 하나님에게서 온 것인 줄 알았다. 자칫 아내를 잃을 뻔했던 뼈저린 경험을 한 그에게 물질을 포기하는 것은 큰 문제가 아니었다.

다섯째, 하나님의 약속을 기억하라

하나님은 아브라함을 복의 근원으로 부르셨다(창 12:2-3). 그를 통해 큰 민족을 이루겠다고 예언하고 약속하셨다. 아브라함은 그렇게 복의 근원이 되었다. 하나님이 그를 높여 주셨다. 이 점을 아는 그에게 현재 그가 가진 많은 소유물은 그리 중요한 것이 아니었다. 하나님의 근본적이며 영원한 약속을 상기했을 때, 그는 이 다툼을 피해 넘어갈 수 있었다.

여섯째, 미래를 내다보라

당시에 롯이 요단 들을 택한 것은 여러모로 지혜로운 선택이었다. 당장의 손익계산서로 보면 롯의 선택이 옳았다. 그러나 더 먼 미래를 내다보았을 때 요단 들은 문제가 있었다. 그 지역은 악하여 여호와 앞에 큰 죄인이었고 하나님은 심판을 예정하고 계셨다(창 13:12-13). 지금 우리가 양보하고 포기하는 것이 미래에 어떤 결과를 가져올는지는 아무도 모른다. 당장은 큰 손해를 보는 것 같으나 믿음으로 양보하라. 하나님은 그런 사람에게 은혜를 베푸시고 미래를 보장해 주신다.

일곱째, 새로운 비전을 그려라

아무리 믿음을 갖고 있어도 양보한 사람은 마음이 무겁다. 손해 봤다는 생각과 패배의식에 사로잡힐 수 있다. 양보하지 않은 상대방에게 원망이 일어나게 마련이다. 무조건 양보하지 말고 어느 선에서 타협할 걸 하는 후회도 든다. 그러나 하나님은 양보하는 자에게 그분의 음성을 들려주신다. 창세기 14장 14-17절을 읽어 보자. "롯이 아브람을 떠난 후에 여호와께서 아브람에게 이르시되 너는 눈을 들어 너 있는 곳에서 북쪽과 남쪽 그리고 동쪽과 서쪽을 바라보라 보이는 땅을 내가 너와 네 자손에게 주리니 영원히 이르리라 내가 네 자손이 땅의 티끌 같게 하리니 사람이 땅의 티끌을 능히 셀 수 있을진대 네 자손도 세리라 너는 일어나 그 땅을 종과 횡으로 두루 다녀 보라 내가 그것을 네게 주리라."

하나님은 아브라함을 찾아와 그의 상하고 빈 마음을 채워 주셨다. 동서남북 많은 땅, 종과 횡으로 행한 땅, 그 땅을 주시고 영원까지 이르게 하겠다고 약속하셨다. 그의 자손이 땅의 티끌같이 많게 하겠다는 비전을 주셨다. 선교사들의 바람은 예수님 믿는 사람들을 얻고 그들을 제자로 키우는 것이 아닌가. 지금 자기 것을 내려놓고 양보할 줄 아는 선교사에게 하나님은 아브라함에게 주신 복과 비전을 주실 것이다.

광야에서 외치는 자, 세례 요한

첫째, 자신이 어떤 사람인지, 어떤 사역을 하고 있는지 파악하라

광야에서 외치는 자의 소리로 널리 알려졌던 세례 요한은 당대에 꽤 영향력 있는 인물이었다. 많은 사람들이 그에게 와서 물 세례를 받고자 했고 적지 않은 제자들이 그를 따랐다. 그러던 어느 날 예수라는 선지자가 나타나 사람들의 관심을 모두 빼앗아 갔을 때 그가 느꼈을 감정을 헤아리기란 어렵지 않을 것 같다. 하지만 그의 반응은 우리의 예상을 뛰어넘는 것이었고, 우리는 그에게서 교훈을 얻을 수 있다.

선교사들은 어떤 존재이고 어떤 사역을 하는 사람들인가? 선교사들은 하나님이 보내셨고 하나님의 뜻만 성취하도록 부르심 받은 사람들이다. 철저히 구원을 위해 수종들며, 그것을 통해 하나님만 기쁘시게 하는 사람들이다. 우리의 사역은 우리 하나님이며 주 되시고 선교를 명하신 예수님을 드러내는 것이다. 선교사라고 해서 다른 사람보다 특별한 게 없다. 약점 많은 인간들이다. 그럼에도 예수님은 처음부터 그들을 아셨고 보내셨다. 그들은 믿음의 분량 이상의 것을 생각지 않는다(롬 12:3). 자신의 한계를 느낄 때 그들은 다른 선교사들을 인정하고 동역자로 받아들이게 된다. 자신의 때가 짧음을 알 때 충성을 다하게 되고, 후임 선교사들을 귀한 이들로 높이게 된다.

둘째, 내 사람들을 보내라

세례 요한을 따르는 많은 제자들이 있었다. 어느 날 세례 요한은 예수님이 지나가시는 것을 보고 그를 하나님의 어린양이라고 증거했다. 이에 요한의 두 제자가 예수님을 쫓기 시작했다(요 1:36-37). 그중 한 사람이 안드레다. 세례 요한은 자기 제자가 예수님을 따라가도 전혀 이상하게 생각지 않았다.

자기 사람을 남에게 보내기란 쉬운 일이 아니다. 선교사들의 경우도 그렇다. 열심히 투자하여 겨우 한 사람을 제자로 세웠는데, 그를 이내 다른 선교사의 사역 또는 다른 지역으로 보내기란 쉬운 일이 아니다. 그때가 바로 선교사들이 '내 사람'을 키웠는지 아니면 '예수님의 사람'을 키웠는지 자문해야 하는 순간이다. 예수님이 필요하다고 하시면 무엇이든, 언제든 내놓아야 한다. 사람뿐만 아니라 우리의 재정과 시간 및 기타 다른 것도 보낼 수 있어야 한다. 상대의 필요를 들었을 때 민감하게 반응하고 내 것을 보낸다는 것은 아름다운 일이다. 상대가 말하기 전에 기도를 통해 느끼고 보내는 것은 더욱 감사한 일이다.

셋째, 비교하며 흔들리지 말라

세례 요한의 한 제자는 예수님이 세례를 주기 시작하자 사람들이 다 그에게로 간다고 세례 요한에게 가서 말했다. 다시 말해, 사람들이 더 이상 세례 요한을 찾지 않는다는 것이다. 세례 요한은 그렇게 자신을 예수님과 비교하는 말을 듣고도 전혀 흔들리지 않았다. 오히려 제자들에게 자신의 정체성에 관해 증거하라고 했다(요 3:28). 선교사 사회에서 겪는 어려움 중 하나가 비교에 시달린다는 것이다. 후원금, 차량, 교회 크기, 교단, 선교단체, 사역, 설교 등을 비교한다. 전임자와 후임자를 비교한다. 하나님 안에서 정체성을 찾지 않으면 선교사는 늘 비교의식에 시달리게 된다.

넷째, 기쁨을 충만하게 누려라

"신부를 취하는 자는 신랑이나 서서 신랑의 음성을 듣는 친구가 크게 기뻐하나니 나는 이러한 기쁨으로 충만하였노라"(요 3:29). 현대 결혼 문화에 비춰 보면 조금은 이상하게 들릴 수 있는 구절이다. 선교사들은 같은 팀이든 다른 팀이든 다른 선교사들이 잘 될 때, 그들의 사역에 열매가 맺힐 때 함께 기뻐하며 그 기쁨을 충만히 누려야 한다. 반대로 다른 팀이나 선교사의 사역이 잘 안 될 때 혹여라도 그것을 속으로 즐겨서는 안 된다. 그런 기쁨은 선교사 자신의 가치를 깎아내릴 뿐이다.

다섯째, 그는 흥하고 나는 쇠하리라

가장 좋은 형태는 그도 흥하고 나도 흥하는 것이다. 그렇게 되지 않을 때는 그가 흥하고 자신이 쇠하는 것이 바른 원리다. 이것은 신자의 매우 높은 도덕률이다. 우리가 그렇게 한다면 결국 예수님이 흥하게 된다는 사실을 알아야 한다. 특별히 팀으로 일하고 있는 선교사들에게 이 원리는 매우 중요하다. 자신보다는 팀이, 자신보다는 동료나 후임 선교사가, 자신보다는 현지인 신자가, 자신보다는 선교 역사가 흥하도록 선교사는 자신을 제물로 드려야 한다.

팀 사역의 원리를 가르쳐 주신 예수님

예수님이 공생애 기간 동안 제자들과 다니면서 보여주신 여러 모습은 선교사들이 팀 사역으로 복음을 전하면서 겪을 수 있는 다양한 현장 속에서 매우 효과적인 갈등 예방 및 해결책이 될 수 있다. 무엇보다 각각의 팀원이 갖추어야 할 덕목으로 다음과 같은 것을 제시해 본다.

용서하라

베드로가 예수님께 이렇게 물은 일이 있다. "주여 형제가 내게 죄를 범하면 몇 번이나 용서하여 주리이까 일곱 번까지 하오리이까"(마 18:21). 형제의 죄를 한두 번도 아니고 일곱 번 용서하는 것은 매우 어려운 일이다. 하지만 주님은 베드로의 예상을 벗어나는 답변을 하신다. "네게 이르노니 일곱 번뿐 아니라 일곱 번을 일흔 번까지라도 할지

니라"(마 18:22). 일곱 번씩 일흔 번을 용서하기란 불가능에 가깝다. 그럼에도 주님이 제자들에게 던지신 그 답변의 깊은 의미는 '끊임없이' 용서하는 것에 있다고 생각한다. 주님은 심지어 십자가에 달리신 때에도 자기를 못 박은 자들을 위해 "저들을 사하여 주옵소서 자기들이 하는 것을 알지 못함이니이다"(눅 23:34)라고 기도하셨다.

나에게 죄 지은 상대방을 용서하는 것은, 팀 사역 구성원에게 가장 힘든 일이자 가장 필요한 일이다. 나에게 죄를 짓고 해를 입힌 상대방을 어떻게 용서할 수 있을까? 상대방이 나의 용서에 반응하지도 않을 텐데 어떻게 용서할 수 있을까? 그것도 끊임없이.

예수님은 긍휼의 눈으로 바라보셨다. 우리 역시 상대를 그런 긍휼의 눈으로 바라볼 수 있어야 한다. 그리고 날마다 용서를 훈련해야 한다. 작은 일에서부터 용서를 베풀 수 있어야 한다. 한편 우리는 예수님의 긍휼의 눈으로 나 자신을 볼 수 있어야 한다. 우리 역시 긍휼이 필요한 존재다. 날마다 죄를 지으며 상대를 아프게 한다. 그러므로 날마다 용서를 구하는 훈련 역시 필요하다. 작은 일에서부터 용서를 구할 수 있어야 한다. 용서를 빌고 용서를 받을 줄 아는 사람이 제대로 된 용서를 베풀 수 있다.

사랑하고 섬겨라

예수님은 끊임없이 용서하실 뿐만 아니라 그 마음에 가득한 긍휼을 사랑으로 드러내고 섬김으로 실천하셨다. 예수님이 우리의 죄를 사하기 위해 십자가에 기꺼이 못 박히신 일은 그분의 사랑이 가장 극명하게 드러난 사건이다. 십자가 사건을 몇 시간 앞두고 예수님은 매우 구체적인 모습으로 우리에게 사랑을 섬김으로 실천하셨다. "예수는 … 저녁 잡수시던 자리에서 일어나 겉옷을 벗고 수건을 가져다가 허리에 두르시고 이에 대야에 물을 떠서 제자들의 발을 씻으시고"(요 13:4-5). 예수님의 예상치 못한 모습에 베드로는 이러지 마시라고 저항하기까지 했다.

사랑으로 섬기는 것은, 세상적으로 보면 쉽게 예상할 수 없는 일이다. 예수님과 3년을 동행한 베드로조차 받아들이기 힘든 일이었으니 말이다. 그럼에도 가장 성경적인 팀 사역을 위해 복음 공동체를 이끌어 가려면 사랑의 섬김이 반드시 필요하다. 사랑하고 섬기는 것은 희생하는 것이나 마찬가지다. 하지만 사랑으로 섬길 때, 거기에서 오는 신비와 기쁨을 경험하게 될 것이다. 그럼으로써 우리는 팀 사역을 함께하는 노정에서 조건 없는 사랑이 무엇인지 배워 가고, 비록 지금은 희생하지만 대신 하나님의 보상을 바라보는 사람으로 성장하게 될 것이다.

실수와 실패를 받아주라

죄에 대한 용서와 더불어, 주님은 제자들의 실수와 실패를 기꺼이 받아주셨다. 상대방의 죄와 실수는 명백히 구분해야 한다. 그러나 그에 대한 우리의 반응은 크게 다르지 않아야 한다. 예수님이 십자가에 못 박히시던 밤 베드로는 세 번이나 예수님을 부인하고 도망쳤다. 베드로뿐이 아니었다. 제자들 모두가 예수님 곁을 떠났다. 인간적인 연약함이 그동안의 훈련과 다짐조차 무너뜨린 비참한 현실은 우리 모두가 경험하는 바다.

너무나 큰 실패 앞에서도 예수님은 제자들을 받아주셨다. 어느 날 삶의 고달픈 현장에서 땀 흘리고 있던 그들을 몸소 찾아가 조반을 함께하시며 그들을 회복시켜 주셨다. 결정적으로 실수하고 철저히 실패한 제자들을 향해 그것보다 더 확실하게 받아주시는 모습이 또 어디에 있겠는가. 팀을 이루어 사역을 진행하는 동안 누군가의 실수와 실패가 사역에 큰 장애를 초래할 수 있다. 개인적으로는 그로 인해 상처를 받기도 한다. 그러나 실수와 실패는 결코 다른 사람의 전유물이 아님을 인정하고, 받아줄 수 있어야 한다. 그런 실수와 실패가 사역의 긍정적인 전환점이 될 수도 있음을 잊지 말아야 한다.

회복하고 목표를 알고 나아가라

부활하신 예수님은 이 땅에서 많은 일을 하실 수도 있었을 텐데, 유독 제자들을 찾아가 그들의 무너진 믿음을 살리고 관계를 회복하는 일에 집중하시는 듯 보인다. 그리고 가장 소중한 것을 재발견하도록 도우신다. "오직 성령이 너희에게 임하시면 너희가 권능을 받고 예루살렘과 온 유대와 사마리아와 땅 끝까지 이르러 내 증인이 되리라"(행 1:8).

팀이 갈등을 일으켜 사역이 무너진 듯 보일 때, 무엇보다 그 복음 공동체의 회복을 추구하고 재도약을 이루는 사람이 필요하다. 갈등으로 인해 팀이 와해되는 것은 누구나 예상할 수 있는 당연한 결과다. 그러나 회복은 어렵고 재설정은 정말 기적을 경험하는 일이다. 그것을 주님이 실천하셨고 우리에게 동일하게 요구하신다. 우리에게는 갈등을 일으켜 와해 직전에 있는 팀의 목표를 다시 제시하고, 팀이 나아갈 방향을 다시 짚어 주는 역할이 주어졌다. 주님이 흐트러뜨리지 않으시는 한, 우리는 먼저 갈등으로 무너진 팀의 회복을 기대하고 추구해야 할 책임이 있다. 무엇이 목표인지 정밀하고 예리하게 가다듬어 새롭게 걸음을 내딛도록 이끌어야 할 사명이 있다.

/ 나오는 말 /

이 모든 허물을 덮을 것은…

갈등을 초기에 알게 되거나 확대되지 않은 상황에서 해결을 위해 접근하면 비교적 큰 상처 없이 좋은 결과를 가져올 수 있다. 그러나 상처가 깊어지면 대부분의 경우 헤어지는 수순을 밟고, 헤어지지 않더라도 떠난 마음을 돌이키기는 쉽지 않다. 하지만 하나님의 큰 은혜를 구하고 그 은혜를 경험하면 시간은 걸리지만 상당한 회복이 일어날 수 있다. 나 역시 한때 깊은 상처를 입고 선교를 그만둘 생각까지 했으나 미국 연수 때 휴스톤서울침례교회에서 최영기 목사님의 말씀을 들으며 목장 안에서 치유를 경험했고, 덕분에 다시 선교지로 돌아올 수 있는 힘을 얻었다. 갈등의 치료와 회복에는 쉼, 시간, 좋은 말씀, 훌륭한 사람들, 배려와 격려, 칭찬, 비전, 말씀을 상고함, 성령의 만져 주심이 필요하다.

갈등을 무조건 부정적으로 볼 일만도 아니다. 과정은 아프지만 결과적으로 감사할 부분도 있다. 무엇보다 갈등을 계기로 자신의 부족과 연약함을 깨달을 수 있고, 주님에 대한 헌신과 더불어 팀에 대한 헌신을 다시 배울 수 있기 때문이다. 내가 감당할 만하니 이런 갈등이 생겼다고 생각하면 감사하기가 좀 더 쉬워진다. 갈등을 통해 성숙할 수 있는 기회를 가질 수 있고, 그것을 잘 정리해 두면 훗날 자신에게 그리고 다른 선교사들에게 실제적 도움이 될 것이다. 우리의 선임 선교사들도 다들 이런 갈등을 지나 사역을 이루어 왔음을 기억하자.

갈등을 온전히 치료하지 못하거나 일시적으로 덮어 놓으면 계속해서 예기치 못한 곳에서 불쑥 왜곡된 모습으로 드러날 수 있다. 내게 상처를 준 선교사에게 언젠가 복수를 하는 것이다. 그 복수는 반드시 칼로 하는 것은 아니다. 무관심, 모르는 척 함, 곤경에 빠졌을 때 도와주지 않음, 대화를 피함, 회의 시 주로 반대함, 삐딱한 응대, 그 선교사의 자녀들을 멀리함, 이메일 답신을 늦게 함, 이런저런 핑계를 대며 사역에 협력하지 않음 등으로 복수하는 것이다.

갈등으로 인해 오히려 감사할 수 있는 또 다른 이유는, 용서와 사랑을 배울 수 있기 때문이다. 우리는 손양원 목사님을 존경하지만 막상 현실에서 그분처럼 살기란 참으로 어렵다. 아니 어쩌면 원수는 용서할 수 있어도 지금 나와 각을 세우고 있는 상대방의 작은 허물을 용납하기가 더 어려울지도 모르겠다. 우리는 '작은 것'에 더 분노하는 연약한 존재가 아닌가. 그러나 이 모든 허물을 덮을 것은 진실한 사랑밖에 없다. 그 사랑을 삶으로 살아내는 선교사를 위대한 선교사라고 부르고 싶다.

책을 마감하며 그동안 선교지에서 부족하고 삐걱삐걱 소리내는 연약한 선교사들을 위로하고 함께하신 하나님께 영광을 돌린다. 선교사로 헌신한 후 1992년경에 충현교회의 한 세미나에 참석했는데, 거기서 들었던 70세 고령의 영국 독신 선교사의 아름다운 고백 '영광스러운 상처'(glorious wound)가 떠오른다.

돌이켜보면 함께하는 선교사들이 있어 든든했고 도움도 주고받으며 사역의 기쁨도 함께 누렸다. 이 글을 쓰며 함께한 동역자들에게 먼저 용서와 사랑을 고백하고 싶다. 나 역시 뒤돌아보면 온갖 부족함투성이였기 때문이다. 이전에 갈등을 겪는 가운데 내게 상처를 준 사람들을 이미 용서했지만 이 자리를 빌어 다시 용서하고 용납하며 사랑으로 끌어안아 본다. 그리고 나로 인해 상처받은 이들에게 다시 한 번 용서를 구한다.

부족하나마 선교사 갈등의 중심부까지 들어가 그 실체를 경험했고, 증상과 위기와 파국을 직접 겪었으며, 해결할 수 있는 실체를 보았고, 더 나은 팀 사역의 가능성을 확신하게 되었다는 점에서 갈등을 지나온 시간들에 대해 감사한다. 다만 나의 과거를 다른 선교사들이 반복하지 않기를 바란다. 그래서 선교지에서 갈등의 소모전을 겪기보다는 주님과 함께 선교의 축제 가운데 하늘의 천국잔치(celebration)를 이 땅에서도 넘치게 경험할 수 있기를 소망한다.

부록

6M(5M+1M), 선교의 6가지 중요 요소

선교 현장 리더십 FD의 문제점과 개선 방안

어떤 선교사도 혼자서 모든 것을 알고 있는 경우는 없다.
20년차 선교사라도 신임 선교사에게 배울 것이 많다.

6M(5M + 1M), 선교의 6가지 중요 요소

20년 넘게 선교 사역을 하면서 경험한, 우리 선교에 필요한 요소를 여섯 가지로 정리해 보았다. 영어로 모두 M자로 시작해서 6M(5M+1M)이라 이름 붙였다.

큰 비전과 큰 구조가 필요하다 Mega Vision & Mega Structure

선교를 할수록 느끼는 것은 큰 비전과 큰 구조가 필요하다는 것이다. 여기서 큰 구조란 반드시 큰 조직체가 아니라 큰 네트워크를 의미한다. 대부분의 선교사와 팀은 한 지역을 중심으로 국지적으로 일한다. 그렇더라도 언제나 그 지역과 문화 전체의 복음화를 향한 큰 비전을 갖고 기회를 준비해야 한다. 예수님이 유다 지역을 중심으로 일하셨지만 이방 땅과 온 세상을 향한 구원의 비전을 계속해서 말씀하셨음을 생각해 보라. 선교사는 지금 사역하고 있는 국가를 넘어 이웃 국가와 세상을 향해 선교하는 비전을 품어야 한다. 어느 한 교회, 한 선교 기관, 한 선교사의 힘만으로는 그 지역 전체와 세상을 제대로 섬길 수 없다. 결국 서로 다양한 형태로 연합하여 사역하는 더 큰 네트워크가 필요하다. 선교 제한 국가가 더 늘어나고,* 이슬람 선교 환경이 악화되고 있으며, 선교사 동원과 선교 재정 확보가 점점 더 어려워져 가는 현실에서 보다 큰 구조, 넓고 촘촘한 네트워크가 필요하다.

선교 사역은 선교사 수에 비례한다 Man Power - Team work

팀 사역을 해본 결과 선교사 수가 사역의 양과 질에 비례한다는 생

---

* 2010년 보고, "GMS(총회세계선교회)는 선교사가 2개월 이상 사역을 진행할 수 없는 경우에 '위기'"라고 규정하고 있다고 김정한 목사는 전한다. 그는 GMS 선교사의 분포와 위기지수에 대해 설명하면서 "GMS는 100개국에 2,113명의 선교사를 파송했다"며 "한국의 위상이 향상되던 1988년을 기점으로 급속히 선교사들이 파송됐다. 그 100개국 가운데 약 40여 국가는 제한접근지역으로 상당수 선교사들이 위험에 노출돼 있는 상태"라고 전했다(뉴스파워 2010. 12. 3).

선교 기관들에 따르면 세계 인구 3분의 2가 기독교 선교를 제한하는 나라에 살고 있다. 세계에서 인구가 가장 많은 5개국 중 4개국이 선교제한 국가다. 전 세계 54개국이 선교를 제한하고 있는 것으로 집계되며, 역시 이슬람 국가들에서 제한 강도가 높은 것으로 나타났다(국민일보 2010. 7. 29).

각이 든다. 많은 선교사들이 협력하여 사역하는 경우 더 넓은 지역에서 더 다양하고 깊게 사역할 수 있다는 것이다. 예수님은 추수할 것이 많다고 하시며 제자들에게 추수할 일꾼을 보내 주실 것을 기도하라고 말씀하셨다. 추수할 일꾼들이 계속 필요한 것이 선교지의 현실이므로 선교사 동원에 신경을 써야 한다. 동시에 추수할 일꾼이 선교지를 떠나지 않도록 하는 것도 큰 기도 제목이다.

인격 모델과 사역 모델이 필요하다 Mission Model - person and ministry

선교는 보고 배우며 실천을 통해 알아가는 것이다. 그러므로 반드시 현장에서 힘들게 땀 흘리고 경험해 봐야 한다. 그 과정에서 모델의 역할이 중요하다. 우리가 선교사 열전을 읽고 공부하는 것도 그런 이유다. 특히 후임 선교사들에게 두 가지 면에서 모델이 필요하다.

첫째, 인격 모델

훌륭한 선교사가 있을 경우 그의 후임 선교사들 역시 훌륭하게 될 가능성이 높다. 인격적으로 성숙하고 준비된 선임을 보면 자연히 따르며 배우게 마련이다. 솔직히 말해, 선교지에서 일부 영역에서는 존경할 만한 이들이 있지만 전인격적으로 존경할 만한 이들을 만나기는 쉽지 않은 것 같다. 개인적으로는 1980년대에 만난 서구 선교사들 중에서 인격적으로 존경할 만한 이들을 많이 만났다. 이타적인 태도와 삶, 약속에 철저한 모습, 상대방의 바람과 기대를 채워 주려는 지속적인 노력 등에 감동을 받았다. 한편 자신의 영역이 아니면 단호하게 거절한다든가, 말씀 묵상 없이는 절대 아침식사를 하지 않는다든가, 낮에는 절대로 침대에 눕지 않는 등의 철저한 생활에 도전을 받았다.

둘째, 사역 모델

인격 모델보다는 사역 면에서 좋은 모델을 찾기가 상대적으로 낫다고 할 수 있다. 선교 편지나 선교보고, 선교대회에서 발표하는 내용들을 보면 사역을 참 잘하는 선교사들이 많구나 하는 생각을 하게 된다. 대부분이 단독 사역인 점이 아쉽기는 하지만, 열악한 현장과 제한된 상황에서 다양한 사역을 벌이고 열매를 만들어 내는 모습을 볼 수 있다. 선교 목표 가운데 중요한 것이 현지의 제자들을 세워가는 것인데, 특별히 이런 면에서 사역을 잘한 예들이 좋은 모델이라 하겠다. 사역 모델에서는 결과뿐 아니라 그 결과를 만들어 내기까지의 과정과 방법도 중요하다. 그때 그때 잘 기록해서 나눌 수 있다면 더 좋은 모델들이 많은 선교 현장에서 일어날 것이다.

선교에 속도를 내라 Mission, Speed up

어느 선교사는 17년 동안 한 선교지에서 사역하다가 은퇴하면서 말하길, 자신이 그동안 일곱 명의 현지인을 만났고 전도했다고 한다. 17년 동안 안식년 외에도 여러 일로 선교지를 떠나 있는 적이 많았지만, 현지어와 영어에 능통한 그 선교사가 그 세월 동안 단지 일곱 명에게 복음을 나누었다는 점은 이해하기 힘들다. 그토록 많이 준비하고, 재정을 쓰고, 시간이 흐른 것에 비해 열매가 적은 것이 아닌가 하는 생각이 든다.

여러 의견이 있겠지만 선교는 신속한 사역이라고 나는 생각한다. 선교사가 얼마나 오래 사역하게 될지는 예측할 수 없다. 현지 상황이 허락지 않을 수 있고, 선교사 개인에게 사정이 생겨 중도에 사역을 그만둘 수도 있으며, 현지인 대상에게 변화가 생길 수도 있다. 얼마 동안 사역하든 그 사이에 보다 많은 현지인에게 신속하게 선교를 해야 한다. 기도를 쉬지 않는 것처럼 전도를 쉬어서는 안 된다. 기회를 얻든지 못 얻든지, 오늘 하지 못하면 내일도 하지 못한다는 자세로 만나는 현지인들마다 전도하고 사역해야 한다.

요즘 나는 선교지 정착 초기에 현지 언어를 배우는 데 시간 사용하는 것을 반대하는 방향으로 기울고 있다. 가장 젊고 에너지가 넘치는 그 시간에 언어 습득보다는 바로 전도와 사역에 우선순위를 두면 좋겠다는 생각이다. 언어 공부는 저녁 시간과 주말 기간을 사용하면 될 일이다. 실제로 그런 시도를 해보았고 좋은 결과를 본 적도 있기에 더욱 강조하고 싶다. 실제 사역을 하면서 언어를 배워야 언어에 진보가 빠르다. 선교사가 시간과 속도에 쫓겨 초조하게 사역할 필요는 없지만, 사역 초기부터 열심히, 신속히 복음 사역에 뛰어드는 것을 적극 추천한다.

선교사를 돌보라 - 개별적 맞춤형 돌봄, 전체적 돌봄
Membership, Total and Individual Care

지난 20년 동안 나는 파송 교회에서 매우 많은 사랑과 지원을 받았고 덕분에 열심히 사역할 수 있었다. 그에 비하면 소속 선교단체의 돌봄은 상대적으로 덜하지 않았나 싶다. 대부분 선교단체의 형편이 좋지 않은 것을 알기에 비판하려는 건 아니다. 다만 현지에 정착하고 팀을 구성하며 사역을 시작할 때, 그리고 의료 사역을 할 때, 안식년 때 더 실제적이고 구체적인 돌봄을 받았더라면 덜 헤매고 덜 힘들었을 텐데, 더 집중하고 더 사역을 잘할 수 있었을 텐데 하는 아쉬움은 남는다. 선교사들이 파송 교회와 소속 선교단체에서 최대한 돌봄과 지원을 받아 현지 사역에만 몰두하면 좋겠다는 바람이 있다.

나는 선교지에 도착한 날부터 쓴 일기와 일지와 사건과 사례들을 모아서 나름대로 정리한 글을 썼다. 일종의 족보라는 것이다. 족보란 의대생들이 지난 수년간 나온 시험들과 교수들이 가르쳐 준 시험 출제 가능성이 높은 질문들에 답안을 잘 작성하여 시험에 대비하는 잘 정리된 노트를 의미한다. 그 글을 같은 팀 선교사들뿐 아니라 다른 선교사들에게도 아낌없이 보여주었고 필요할 경우 이메일로도 보냈다. 선교지에 가서 정착하고 사역을 시작하는 여러 단계에서 도움이 되었다는 감사의 말을 전해 들었다. 먼저 걸어간 선교사의 실수를 포함한 여러 경험이 후임 선교사들에게 좋은 길잡이가 될 수 있다면 좋지 않겠는가.

선교사 돌봄 체크 리스트가 있어 1-2개월에 한 번씩 평가하고 이전 것과 비교하면서 부족한 점을 채워 간다면 좋겠다. 각 항목에는 경건한 그리스도인의 삶, 신뢰성과 정직성, 도덕성, 범죄와 경건치 못함, 가정생활, 자기만족도, 가족 구성원의 만족도, 가족 내 대화, 자녀교육, 자기성찰, 일기, 기도생활과 말씀연구 생활, 휴식과 쉼, 시간 사용, 책 읽기, 거룩함, 섬김, 사역 준비, 사역 연구, 사역 내용과 계발, 선교 전략 연구, 사역의 어려움, 팀 내 관계, 리더십과 멤버십, 현지인과의 관계, 파송 교회 및 후원자들과의 관계, 갈등, 건강과 스트레스, 파송 교회 및 소속 단체에 대한 책임, 재정 사용, 우선순위 등을 포함시킨다. 다양한 질문을 통해 점수를 매기며 자신을 돌아보고, 서로에 대해 알아보며, 팀별로 나눌 필요가 있다. 이렇게 자신을 드러내고 나누는 일이 초기에는 어렵고 어색할 수 있지만 곧 익숙해질 것이다.

또한 각 선교사들을 개인으로 보고 그들을 개별적으로 고려해야 한다. 여기에는 개인의 과거, 배경, 경력, 특기, 달란트, 은사, 선호도, 장점, 단점, 좋은 점, 부족한 점, 믿음, 교회생활, 가족 관계, 친구 관계, 부부생활, 자녀 교육 같은 요소들이 포함된다. 이렇게 마련한 데이터는 충분한 대화와 동의 과정을 거친 분석과 평가에 기초해 사역지를 결정하고, 사역을 선정하며, 사역 기간과 안식년에 관한 결정을 하는 데 좋은 자료가 될 것이다. 선교기관과 팀과 조직에 자신을 맞추는 것이 선교사의 의무이기는 하지만, 동시에 개별적인 돌봄을 받을 권리도 존중되었으면 하는 바람이다.

협력과 다양한 네트워크, 다문화적 접근

MOU, Multi-network, Multi-cultural

예전에는 선교지에서 미국이나 영국 선교사와 초청과 지원으로 현지인들이 미국과 영국에 가서 공부하거나 훈련받고 돌아오는 일이 많았다. 지금은 한국 선교사 또는 한국 교회와 연결되어 많은 선교지의 현지인들이 한국에 와서 공부하고 있다. 나 역시 알바니아 치과의사들과 치대생 및 의사들을 한국에 보내 공부할 수 있도록 다리를 놓고 지원했다. 이런 교육이 지속되기 위해서는 현지의 여러 기관들이 한국의 기관들과 협력 관계를 맺을 필요가 있다. 최근에는 의료선교 팀 간의 네트워크 구축도 새로운 패러다임으로 떠올랐다. 의료선교가 해외 의료, 교육, 복지기관과 공동 네트워크를 구축함으로써 선교의 접근성을 높이고 복음 전파에 보다 더 효율적이라는 점에서 주목받고 있다.

우리는 다민족 사회에 둘러싸여 있다. 단일민족 국가였던 우리나라의 구성원에도 변화가 일어나 이제는 '다문화'라는 말이 이제는 어색하지 않을 정도다. 변화하는 시대와 환경을 반영해 선교 사역의 형태와 전략도 이제 다민족을 상대하는 방향으로 들어가기 시작했다.

오늘날 선교의 패러다임은 변하고 있다. 사역을 새로이 개척하는 것도 중요하지만 이미 사역하고 있는 선교사들 간의 파트너십이 강조되고 있다. 한 개인이나 단체가 모든 자원을 확보하기 어려우므로 적절한 관계를 통해 자원을 공유하고 나누는 일이 중요해졌다. 선교 전략도 이미 대부분 개발되어 있으므로 이제는 같이 일하며 시너지를 만들어 내는 것에 주목해야 한다.

IT 산업에 기반한 여러 네트워크와 스마트폰을 비롯한 모바일 기기들은 이러한 패러다임의 변화를 기술적으로 뒷받침하며 선교의 중요한 도구로 쓰이고 있다.

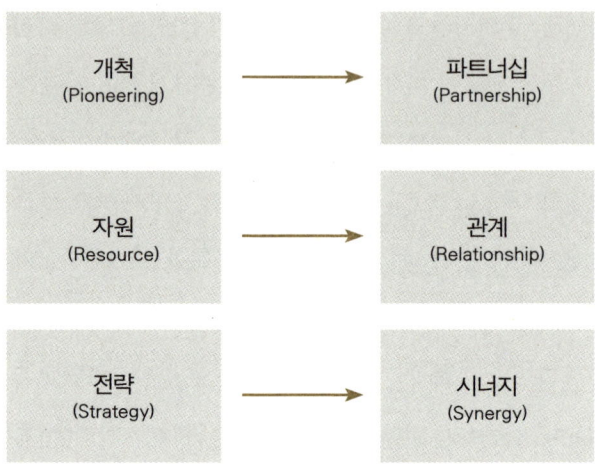

〈 오늘날 선교 패러다임의 변화 〉

선교 현장 리더십 FD의 문제점과 개선 방안

현장 책임자 FD란 무엇인가?

때로는 선교 현장 책임자(FD, Field Director)가 사역팀의 팀장을 겸하는 경우도 있다. 나 역시 지역 책임자로 섬긴 적이 있는데, 이 제도에 많은 어려움과 문제가 있음을 발견했다. 앞으로 선교 현장에서 권한과 역할이 더 커질 FD 제도에 변화와 개선이 필요하다고 본다.

FD는 잘하면 본전이고 못하면 비판받기 쉬운 자리다. 자신의 본래 사역을 하면서 동시에 전체 팀을 위한 사역까지 잘 감당한다는 것부터가 만만찮은 일이다. 원래는 전임으로 그 일만 해야 하지만 우리의 선교 현실상 그러기가 어렵다. 그럼에도 FD 제도는 실제로 필요하다. 그렇다면 이 제도에 대해 최선의 안을 갖고 최선의 역할을 다하는 길을 찾아야 할 것이다. FD 제도에 대한 분석과 평가, 연구 없이 이 일을 계속 이어가는 것은 바람직하지 못하며 때론 위험하다고 본다.

FD, 왜 어려운 자리인가?

무엇보다 인력이 부족해서다

이 제도가 안정되고 잘 운영되려면 다수의 선교사 중에서 충분한 조건을 갖춘 인물을 선택할 수 있어야 한다. 그러나 대부분의 선교단체는 많은 나라에 소수의 선교사만 파송하는 구조여서 FD를 선택할 수 있는 폭이 매우 좁은 실정이다.

훈련이 부족해서다

충분한 리더십 훈련과 점검, 교육이 필요하지만 그럴 여유가 없다. 선교훈련을 받고 선교학을 공부해도 리더십을 중점적으로 훈련받는 경우는 많지 않다.

매뉴얼이 부족해서다

리더십을 어떻게 사용하는가에 대한 구체적이고 자세한 내용이 필요하다.

상급과 칭찬이 부족해서다

리더십을 잘 사용하는 것이 정말 중요한 일이라는 인식을 높이고, 섬김과 결과에 상응하는 상급과 칭찬을 부여해야 한다. 상급은 하늘나라뿐 아니라 현실에서도 필요하다.

피드백이 부족해서다

리더십으로 임명 또는 선출된 뒤에 정기적으로 리더십을 관찰하고 보고받고 의견을 교환해야 한다. 리더십 아래 있는 팀원들의 평가와 보고도 있어야 한다.

사례가 부족해서다

리더십 모델은 많고 다양할수록 좋다. 그런 사례를 모은 책이 나오길 바란다. 실패한 리더십도 사례 연구로 공부할 수 있다.

연구가 부족해서다

장기간에 걸친 리더십 연구가 필요하다.

투자가 부족해서다

리더십 계발이 중요하다고 말은 하지만 실제로 거기에 투자할 인력, 재정, 시간, 에너지와 우선순위가 부족하다. 한국이 선교 리더십을 잘 계발했으면 더 많은 선교 역사를 이루었을 것이다. 특별히 일반적, 개관적 리더십뿐 아니라 각 분야별로 전문적인 리더십을 만들어 갈 필요가 있다. 행정, 사역, 관계와 갈등, 국제 관계, 의료와 위기, 선교 전략과 연구 분야의 전문인이 리더가 되어 시스템을 구축해 가도록 해야 한다.

이밖에도 현장 고유의 어려움, 팀 구성의 문제 및 선교사의 개인적 차이 등이 FD를 어려운 자리로 만드는 이유가 될 수 있다.

FD, 현장 책임자인가 현장 독재자인가

FD를 현장 책임자와 현장 독재자로 보는 두 관점으로 구분하고 설명했다. 반드시 두 그룹만 있는 것은 아니고 여러 중간 형태가 있을 것이다. 마치 시계추가 움직이듯이 좌편과 우편으로 움직일 수 있다.

선교사 리더십은 대부분 좌측이 이루어지는 방향으로 노력을 해왔을 것이다. 하지만 실제로는 우측으로 과정이 흐르고 결과가 나타나는 경우가 더 많았을 것이다. 선교의 어려움, 녹록치 않은 현장 환경, 영적 싸움 같은 요소들을 제외하고 현장 리더십의 준비와 훈련 부족, 관계와 갈등을 다루는 기술의 결여, 전문성과 경험의 부족, 문제를 경험했으면서도 이를 개선하지 못함, 문제를 감춤, 자기의 문제는 인정하지 않고 다른 이에게 책임이 있다고 돌림, 이런 일들을 다루는 것의 중요성에 대한 우선순위의 부족 등을 그 이유로 들 수 있다.

현장 책임자	현장 독재자
현장 개발 (Field Development)	현장 변질 (Field Degeneration)
현장 헌신 (Field Devotion)	현장 역기능 (Field Dysfunction)
현장 위임 (Field Delegation)	현장 방향 상실 (Field Disorientation)
현장 기쁨 (Field Delightful)	현장 좌절 (Field Disappointed)
현장 배가 (Field Doubling)	현장 손해 (Field Damage)

일반적으로 선교사들은 대부분 착하고 노력하는 스타일이다. 그들 중에 독재자를 자처하는 사람은 없겠지만, FD 자리에 있으면 자신도 모르게 그런 경향으로 갈 수 있다. 실제로 착하고 순한 사람들이 큰 책임과 역할을 맡았을 때 독재자로 돌변하는 경우가 없지 않다. '독재자'라는 단어를 특정한 정치 인물이나 대상으로 생각지 말기 바란다. 오히려 이 단어는 우리 안에 자리 잡고 있는 경향을 의미한다. 책임과 역할을 맡으면 누구라도 리더십의 잘못된 형태로서 독재자가 될 수 있다. 다음의 사항들을 살펴보면서 자신이 그런 적이 없는지 돌아보자.

- 중립적 위치를 벗어남
- 회원들에 대한 이해가 부족하거나 편견과 선입관을 오래 갖고 있음
- 대화하지 않으며 잘 들으려 하지 않으며 회원들의 의견을 무시함
- 자기의 감정과 의견을 우선시하고 고집을 부림
- 정보를 독점하거나 정확히 전달하지 않음
- 디렉터라는 직위를 지위와 권력으로 생각함
- 적절한 방법으로 평가하지 않음
- 중재와 조정에 실패함
- 팀원의 알 권리에 적절히 응답하지 않음
- 팀원과 마찰이 생겼을 때 대화를 기피하고 자기중심으로 일 처리함

FD 제도의 개선과 변화

미래 현장의 선교사역에서 계속 필요한 FD 제도는 과거를 참고해 볼 때 많은 개선을 위한 연구가 필요하다. 특히 다음과 같은 연구에 투자해야 한다.

- 과거 FD를 지낸 이들과 현직 FD들을 대상으로 한 의견 청취와 설문 조사와 같은 연구

- 사람이 바뀌어도 흐름이 바뀌지 않는 시스템으로 연결되는 FD제도에 대해 더 연구
- FD 책임과 역할을 적은 매뉴얼 만들기. 더불어 FD에 적응하기 위한 회원들의 매뉴얼 제시
- FD에 대한 정기 감사와 평가와 보고
- 정기적인 FD들의 모임과 연구
- 1년에 두 차례 이상 사례 연구등 연구와 토의를 통해서 여러 좋은 제안과 매뉴얼 갱신
- 현장의 문제에 대해 되도록 공개 토론을 하고 좋은 결론 찾아내기